Gesetz über den
Kriegszustand

vom 5. November 1912.

Mit den Änderungen von 1914
und den Vollzugsvorschriften.

1914.
München, Berlin und Leipzig.
J. Schweitzer Verlag (Arthur Sellier).

Druck: Dr. F. P. Datterer & Cie. (Arthur Sellier) München-Freising.

Vorwort.

Nach dem Art. 68 der Reichsverfassung kann der Kaiser, wenn die öffentliche Sicherheit in dem Bundesgebiete bedroht ist, einen jeden Teil desselben in Kriegszustand erklären. Bis zum Erlasse eines die Voraussetzungen, die Form der Verkündigung und die Wirkungen einer solchen Erklärung regelnden Reichsgesetzes gelten dafür die Vorschriften des preußischen Gesetzes vom 4. Juni 1851.

Der Art. 68 der Reichsverfassung gilt in Bayern nach der Schlußbestimmung zum XI. Abschnitte der Reichsverfassung und der Ziff. III § 5 des Versailler Bündnisvertrages vom 23. November 1870 nicht. Nach der Ziff. VI dieses § 5 werden jedoch die Voraussetzungen, unter welchen wegen Bedrohung der öffentlichen Sicherheit das Bundesgebiet oder ein Teil desselben durch den Bundesfeldherrn in Kriegszustand erklärt werden kann, die Form der Verkündigung und die Wirkungen einer solchen Erklärung durch ein Bundesgesetz geregelt.

Zur Erlassung des im Art. 68 der Reichsverfassung und in Nr. III § 5 Ziff. VI des Versailler Bündnisvertrages vorbehaltenen Reichsgesetzes ist es noch nicht gekommen. Für die Erklärung des Kriegszustandes gelten daher in ganz Deutschland außer in Bayern gegenwärtig die Vorschriften des preußischen Gesetzes vom 4. Juni 1851.

In Bayern hatte es nach § 7 Abs. 2 des Gesetzes vom 22. April 1871, betreffend die Einführung norddeutscher Bundesgesetze in Bayern (BGBl. S. 87), bis zum Erlaß des Gesetzes vom 5. November 1912 bei den einschlägigen Bestimmungen des Militärstrafrechts sowie bei den sonstigen gesetzlichen Vorschriften über das Standrecht sein Bewenden.

Vorwort.

Die Bestimmungen über das Standrecht waren für die Landesteile rechts des Rheins und die Pfalz verschieden. Rechts des Rheins galten die durch den Art. 2 Ziff. 1 des Ausführungsgesetzes zur Strafprozeßordnung vom 18. August 1879 aufrecht erhaltenen Art. 441—456 des II. Teiles des Strafgesetzbuches von 1813, welche durch den Art. 3 Ziff. 12 des bezeichneten Ausführungsgesetzes mit der Gesetzessprache des Reichsstrafgesetzbuchs in Einklang gebracht worden sind. In der Pfalz galten die durch den Art. 3 des Ausführungsgesetzes zur Strafprozeßordnung vom 18. August 1879 aufrecht erhaltenen Vorschriften einiger unter französischer Herrschaft ergangener Gesetze und Dekrete. Es sind dies insbesondere das Gesetz vom 10. Juli 1791 Tit. I Art. VII, das Dekret vom 24. Dezember 1811 Tit. III Kap. I Art. 50—53, Kap. III Art. 91, 92, Kap. IV Art. 101—103, das Dekret vom 8. Juli 1791 Tit. I Art. 8 und 9, das Gesetz vom 27. August 1797 Art. I, das Gesetz vom 5. September 1797 (19. Fructidor an 5) Art. 39, das Dekret vom 26. Mai 1792 Art. 2 und das Dekret vom 26. Brumaire an 13. Das französische Recht enthält nur Bruchstücke einer Regelung. Seine Geltung war überdies bestritten. Zweifelhaft war namentlich, ob es in der ganzen Pfalz verkündet worden ist und ob es nicht bloß für feste Plätze (Places de guerre und postes militaires) anwendbar ist.

Nach dem rechtsrheinischen Rechte konnte das Standrecht angeordnet werden

a) bei Zusammenrottung zu Hochverrat sowie zu Verbrechen in Beziehung auf die Ausübung staatsbürgerlicher Rechte, bei Aufruhr, Auflauf und Landfriedensbruch, sofern die verbrecherische Unternehmung an Umfang und Hartnäckigkeit soweit gediehen ist, daß die Ruhe nur durch außerordentliche Gewalt wieder hergestellt werden kann,

b) wenn in gewissen Gegenden Mord, Raub, Brandlegung ungewöhnlich überhand nehmen, vorzüglich aber wenn sich ganze Banden zu solchen Verbrechen vereinigt haben und die ordentlichen Mittel zur Wiederherstellung der öffentlichen Sicherheit fruchtlos geblieben sind.

Das rechtsrheinisch bayerische Recht kannte mithin ein Standrecht nur für den Fall innerer Unruhen, nicht aber für den Fall, daß kriegerische Ereignisse die öffentliche Sicherheit gefährden und den Ausnahmezustand erforderlich machen. Schon seit Jahren ist von militärischer Seite wiederholt auf das Bedürfnis hingewiesen worden, das bayerische Recht nach der Richtung zu ergänzen, daß auch in Bayern wie im übrigen Reiche die Möglichkeit geschaffen werde, für den Fall des Eintritts kriegerischer Ereignisse oder unmittelbarer Kriegsgefahr durch die Verhängung des Kriegszustandes die Sicherheit der Mobilmachung und die Schlagfertigkeit des Heeres zu gewährleisten und zu erhöhen. Zunächst unterblieben gesetzgeberische Maßnahmen, weil man mit der Erlassung des im Art. 68 der Reichsverfassung und in Nr. III § 5 Ziff. VI des Versailler Bündnisvertrages vorbehaltenen Reichsgesetzes über den Kriegszustand rechnete. Nachdem jedoch ein solches, jedenfalls in naher Zeit, nicht in Aussicht steht, hält es die Staatsregierung für geboten, daß Bayern selbst die Lücke ausfülle und brachte einen entsprechenden Entwurf an den Landtag. (Aus der Begründung des Entw. Verh. d. K. d. Abg. von 1912 Beil. 2017.)

Das Ergebnis der Beratungen ist das Gesetz vom 5. Nov. 1912, welches für ganz Bayern, einschließlich der Pfalz, eine einheitliche Regelung der Materie bringt.

Die vorliegende Ausgabe bringt dieses Gesetz mit den damit zusammenhängenden Nebengesetzen und will damit ein abgeschlossenes Bild über den zur Zeit in Bayern geltenden Rechtszustand geben.

Der Verlag.

Inhaltsverzeichnis.

Bayerisches Gesetz über den Kriegszustand.

Vom 5. November 1912

(GVBl. 1912 S. 1161)

in der Fassung des Gesetzes betr. die Änderung des Gesetzes über den Kriegszustand vom August 1914.

Im Namen Seiner Majestät des Königs.

Luitpold,

von Gottes Gnaden Königlicher Prinz von Bayern,
Regent.

Wir haben nach Vernehmung des Staatsrats mit Beirat und Zustimmung der Kammer der Reichsräte und der Kammer der Abgeordneten unter Beobachtung der in Tit. X § 7 der Verfassungsurkunde vorgeschriebenen Formen beschlossen und verordnen, was folgt:

Art. 1.

Nach Ausbruch eines Krieges oder bei unmittelbar drohender Kriegsgefahr kann durch Königliche Verordnung der Kriegszustand verhängt werden.

Art. 2.

Die Verhängung des Kriegszustandes ist in den davon betroffenen Orten oder Bezirken öffentlich zu verkünden.

Die Verkündung soll durch öffentlichen Anschlag und durch Bekanntmachung in den öffentlichen Blättern sowie durch öffentlichen Ausruf erfolgen, dem, soweit möglich, ein durch Trommelschlag oder Trompetenschall gegebenes Signal vorangehen soll.

Art. 3.

Die in den §§ 81, 88, 90, 307, 311, 312, 315, 322, 323, 324 des Strafgesetzbuchs für das Deutsche Reich[1]) mit lebenslänglichem Zuchthaus bedrohten Verbrechen werden mit dem Tode bestraft, wenn sie in einem in Kriegszustand erklärten Orte oder Bezirke begangen werden.

Art. 4.

Wer in einem in Kriegszustand erklärten Orte oder Bezirke

1. in Beziehung auf Zahl, Marschrichtung oder angebliche Siege der Feinde wissentlich falsche Gerüchte ausstreut oder verbreitet, die geeignet sind, die Zivil- oder Militärbehörden hinsichtlich ihrer Maßregeln irre zu führen,
2. eine bei der Verhängung des Kriegszustandes oder während desselben von dem zuständigen obersten Militärbefehlshaber zur Erhaltung der öffentlichen Sicherheit erlassene Vorschrift übertritt oder zur Übertretung auffordert oder anreizt,
3.[2]) zum Hochverrat, Landesverrat oder zur Brandstiftung oder zu einem sonstigen in Art. 3 be-

---

[1]) s. Anlage IV.

[2]) In der Fassung des Gesetzes betr. Änderung des Gesetzes über den Kriegszustand, vom August 1914.

zeichneten Verbrechen oder zum Widerstande gegen die Staatsgewalt oder zu einem in den §§ 1 und 3 des Gesetzes vom 3. Juni 1914 gegen den Verrat militärischer Geheimnisse[1]) vorgesehenen Verbrechen auffordert oder anreizt,

4. eine Person des Soldatenstandes zu einer strafbaren Handlung gegen die Pflichten der militärischen Unterordnung, zur Verletzung einer Dienstpflicht bei Ausführung einer besonderen Dienstverrichtung oder zu einer sonstigen Handlung gegen die militärische Ordnung auffordert oder anreizt,

wird, wenn nicht die Gesetze eine schwerere Strafe androhen, mit Gefängnis bis zu einem Jahre bestraft.

Art. 5.

Bei der Verhängung des Kriegszustandes oder während desselben kann durch Königliche Verordnung das Standrecht angeordnet werden.

Auf die Kundmachung der Verordnung findet Art. 2 Anwendung.

Art. 6.

Das für den Kriegszustand angeordnete Standrecht (standrechtliches Gericht) ist zuständig:

1. für das Verbrechen des Hochverrats und des Landesverrats,
2. für das Verbrechen und das Vergehen des Widerstands gegen die Staatsgewalt,
3. für das Verbrechen und das Vergehen wider die öffentliche Ordnung in den Fällen der

[1]) s. Anlage V.

§§ 124, 125, 127, 130, 141 des Strafgesetzbuchs für das Deutsche Reich,[1])

4. für das Verbrechen des Mords, des Raubes und der Erpressung,
5. für die gemeingefährlichen Verbrechen und Vergehen in den Fällen der §§ 306 bis 308, 311 bis 313, 315, 317, 318a, 321 bis 324, 329 des Strafgesetzbuchs für das Deutsche Reich,[1])
6.[2]) für die in den §§ 1 bis 7, 10 des Gesetzes vom 3. Juni 1914 gegen den Verrat militärischer Geheimnisse[3]) vorgesehenen Verbrechen und Vergehen,
7. für die nach Art. 6 des Ausführungsgesetzes vom 18. August 1879 zur Reichs-Strafprozeßordnung[4]) strafbaren Handlungen,
8. für die nach Art. 4 dieses Gesetzes strafbaren Handlungen,

wenn die Tat nach der Verkündung der Verhängung des Kriegszustands begangen oder fortgesetzt worden ist.

Art. 7.

Auf das für den Kriegszustand angeordnete Standrecht finden die Vorschriften des Art. 442 Nr. 1, 2, und der Art. 445, 446, 449 bis 455 des Strafgesetzbuchs von 1813[5]) mit folgender Maßgabe entsprechende Anwendung:

1. Im Falle des Art. 453 Abs. 1 entscheidet das Gericht auch über die von dem Angeschuldigten verwirkte Strafe; die Vorschriften des § 198 des

[1]) s. Anlage IV. [2]) In der Fassung des Gesetzes betr. Änderung des Gesetzes über den Kriegszustand, vom August 1914. [3]) s. Anlage V. [4]) s. Anlage VI. [5]) s. Anlage III.

Gerichtsverfassungsgesetzes[1]) finden entsprechende Anwendung.

2. Die Verhandlung ist mündlich und öffentlich. Die Öffentlichkeit kann vom Gericht durch einen öffentlich zu verkündenden Beschluß ausgeschlossen werden, wenn sie eine Gefährdung der öffentlichen Ordnung besorgen läßt. Die Verkündung des Urteils erfolgt in jedem Fall öffentlich.

3. Der Angeschuldigte kann sich in der Verhandlung des Beistandes eines Verteidigers bedienen.

Die Verteidigung ist notwendig:

a) wenn der Angeschuldigte taub oder stumm ist oder das sechzehnte Lebensjahr noch nicht vollendet hat,

b) wenn eine mit dem Tode, mit Zuchthaus oder mit Festungshaft oder Gefängnis von mehr als einem Jahre bedrohte Tat den Gegenstand der Verhandlung bildet.

In den Fällen des Abs. 2 wird dem Angeschuldigten, der einen Verteidiger nicht gewählt hat, ein solcher von dem Vorsitzenden, womöglich aus den rechtskundigen Personen des Ortes, bestellt.

Dem verhafteten Angeschuldigten ist mündlicher Verkehr mit dem Verteidiger gestattet.

4. Auch gegen Urteile, die nicht auf Todesstrafe lauten, findet ein Rechtsmittel nicht statt.

5. Die Todesstrafe wird vierundzwanzig Stunden nach der Verkündung des Urteils vollstreckt.

---

[1]) s. Anlage VII.

Art. 8.

Die Zahl, die Sitze und die Bezirke der für den Kriegszustand einzusetzenden standrechtlichen Gerichte bestimmt, soweit hierüber die das Standrecht anordnende Königliche Verordnung nichts vorsieht, der Präsident des Oberlandesgerichts im Benehmen mit dem obersten Militärbefehlshaber des Bezirks.

Die den Zivilpersonen zu entnehmenden Mitglieder der standrechtlichen Gerichte werden von dem Präsidenten des Oberlandesgerichts, die militärischen Mitglieder werden vom obersten Militärbefehlshaber des Bezirks ernannt.

Art. 9.

Die Aufhebung des Kriegszustandes erfolgt durch Königliche Verordnung und ist durch öffentliche Blätter bekannt zu machen. Gleiches gilt von der Aufhebung des Standrechts.

Art. 10.

Das Standrecht erlischt mit der Aufhebung des Kriegszustands, wenn es nicht schon früher aufgehoben worden ist.

Nach Beendigung des Standrechts sind die bei standrechtlichen Gerichten erwachsenen Verhandlungen an die Staatsanwaltschaften bei den ordentlichen Gerichten abzugeben.

In den noch anhängigen Strafsachen ist das ordentliche Verfahren einzuleiten. Das gleiche hat in den Strafsachen zu geschehen, in denen ein noch nicht vollstrecktes Todesurteil erlassen worden ist.

Dabei sind die allgemeinen Strafgesetze, in den Fällen des Art. 4 aber und, wenn das Standrecht vor der Aufhebung des Kriegszustandes aufgehoben wird, bis zur Aufhebung des Kriegszustandes auch in den Fällen des Art. 3 die Strafbestimmungen dieses Gesetzes anzuwenden.

Art. 11.

Die Militärstrafgerichtsbarkeit wird durch die Anordnung des Standrechts nicht berührt.

Die Art. 3 und 4 finden auch auf Militärpersonen Anwendung.

Art. 12.

Das Staatsministerium der Justiz erläßt im Einverständnis mit den übrigen beteiligten Ministerien die erforderlichen Vollzugsvorschriften.

Gegeben zu Berchtesgaden, den 5. November 1912.

Luitpold,
Prinz von Bayern,
des Königsreichs Bayern Verweser.

Dr. Frhr. v. Hertling. Dr. Frhr. v. Soden-Fraunhofen.
v. Thelemann. v. Breunig. Frhr. v. Kreß.

J. V. J. V.
Staatsrat **v. Steiner.** Staatsrat **v. Endres.**

Auf allerhöchsten Befehl:
Der Ministerialrat
im K. Staatsministerium des Innern:
Knözinger.

Anlage I.

Bekanntmachung, die Vollzugsvorschriften zu dem Gesetz über den Kriegszustand betreffend.

Vom 13. März 1913.

(JMBl. S. 17 ff.)

K. Staatsministerien der Justiz, des Innern, der Finanzen und für Verkehrsangelegenheiten und K. Kriegsministerium.

Auf Grund des Art. 12 des Gesetzes vom 5. November 1912 über den Kriegszustand *) werden zu diesem folgende Vollzugsvorschriften erlassen.

I. Öffentliche Bekanntmachung

a) der Verhängung des Kriegszustandes.

§ 1. Die Verhängung des Kriegszustandes wird im Gesetz- und Verordnungsblatt, im Kriegsministerial-Verordnungsblatt und im Bayerischen Staatsanzeiger sofort veröffentlicht.

§ 2. Die Verhängung des Kriegszustandes ist in den davon betroffenen Orten und Bezirken überdies besonders öffentlich bekannt zu machen (Art. 2 KG.).

Zu diesem Zwecke werden die Regierungspräsidien, die Polizeidirektion in München, die Bezirksämter und

*) abgekürzt „KG.".

die Gemeindebehörden, soweit in ihren Bezirken von dem Kriegszustande betroffene Orte liegen, von der Verhängung des Kriegszustandes unmittelbar in Kenntnis gesetzt.

Die Bezirksämter und die kreisunmittelbaren Magistrate, in München die Polizeidirektion, lassen sodann die Bekanntmachung der Verhängung in ihren Amtsblättern sowie in den Tageszeitungen, die in dem Bezirk erscheinen, unverzüglich einrücken.

Die Bürgermeister der sämtlichen betroffenen Gemeinden, in München die Polizeidirektion, lassen überdies die Verhängung durch öffentlichen Anschlag und durch öffentlichen Ausruf verkünden. Der Anschlag und der Ausruf haben in sämtlichen zu einer Gemeinde gehörenden Ortschaften zu geschehen; in größeren Orten hat der Anschlag an mehreren Stellen zu erfolgen.

In Orten, in denen Truppen liegen, hat dem Ausrufe Trommelschlag oder Trompetenschall vorauszugehen; hierwegen tritt die Zivilbehörde mit dem Kommandanten oder Garnisonältesten ins Benehmen.

§ 3. Die rechtlichen Wirkungen der Verhängung des Kriegszustandes treten in den einzelnen Orten ein, sobald dort die Verkündung durch eine der im § 2 bezeichneten Arten erfolgt ist.

§ 4. Der Vollzug der nach § 2 zu treffenden Maßnahmen ist von der Polizeidirektion in München und den kreisunmittelbaren Magistraten an die Regierung, Kammer des Innern, von den Bürgermeistern der übrigen Gemeinden an das Bezirksamt unverzüglich zu melden. Die Meldung darf nur schriftlich erfolgen.

Je ein Stück der Tageszeitungen, die die Bekanntmachung über die Verhängung des Kriegszustandes enthalten, ist als Beleg bei den Akten der Polizeidirektion in München, der kreisunmittelbaren Magistrate und der Bezirksämter aufzubewahren.

§ 5. In der Bekanntmachung über die Verhängung des Kriegszustandes soll auf die Bedeutung desselben kurz hingewiesen werden.

Die Distriktsverwaltungsbehörden, in München die Polizeidirektion, sollen auch sonst für die Belehrung der Bevölkerung über die Bedeutung und die Wirkungen des Kriegszustandes in geeigneter Weise, z. B. durch die Presse oder durch persönliche Aufklärung Sorge tragen.

b) der Anordnung des Standrechts.

§ 6. Die §§ 1—5 finden auf die Kundmachung der Anordnung des Standrechts entsprechende Anwendung (Art. 5 Abs. 2 KG.).

c) der Aufhebung des Kriegszustandes und des Standrechts.

§ 7. Die Aufhebung des Kriegszustandes wird im Gesetz- und Verordnungsblatt, im Kriegsministerial-Verordnungsblatt und im Bayerischen Staatsanzeiger veröffentlicht.

Mit der Veröffentlichung im Gesetz- und Verordnungsblatt tritt der Kriegszustand außer Kraft.

Die Aufhebung des Kriegszustandes ist überdies von der Distriktsverwaltungsbehörde, in München von der Polizeidirektion, in dem Amtsblatte und in den Tageszeitungen, die in dem betroffenen Bezirke erscheinen, zur öffentlichen Kenntnis zu bringen.

Die Vorschriften der Abs. 1—3 gelten auch für die Aufhebung des Standrechts.

II. Zuständigkeit zu Anordnungen nach Art. 4 Nr. 2 des Gesetzes.

§ 8. Für die Erlassung der im Art. 4 Nr. 2 des Gesetzes über den Kriegszustand vorgesehenen Anordnungen der obersten Militärbefehlshaber sind zuständig der Oberbefehlshaber einer Armee,

die kommandierenden Generale und, wenn sie ins Feld abgerückt sind, ihre Stellvertreter,

die Gouverneure und Kommandanten von Festungen,

in der Pfalz auch der Kommandeur der dritten Division und wenn er ins Feld abgerückt ist, der älteste stellvertretende Infanteriebrigadekommandeur in der Pfalz.

Das Kriegsministerium behält sich vor, Anordnungen der im Art. 4 Nr. 2 bezeichneten Art auch selbst zu erlassen.

Anordnungen der im Art. 4 Nr. 2 bezeichneten Art sind, wenn sie sich nicht nur an bestimmte einzelne Personen wenden, in geeigneter Weise öffentlich bekannt zu machen.

Die bezeichneten Befehlshaber sind befugt, ihnen untergebenen Offizieren, die sich mindestens in der Dienststellung eines Stabsoffiziers befinden, die Erlassung von Anordnungen der im Art. 4 Nr. 2 bezeichneten Art zu übertragen.

III. Standrecht.

1. Zahl, Sitz und Bezirke der standrechtlichen Gerichte.

§ 9. Die Zahl, die Sitze und die Bezirke der standrechtlichen Gerichte bestimmt, soweit die das Standrecht anordnende Verordnung hierüber nichts vorsieht, der Präsident des Oberlandesgerichts. Wenn das Standrecht für einen Bezirk angeordnet wird, der sich über die Bezirke mehrerer Oberlandesgerichte erstreckt, trifft jeder Oberlandesgerichtspräsident die erforderlichen Bestimmungen für seinen Bezirk.

Der Oberlandesgerichtspräsident benimmt sich hierbei mit dem obersten Militärbefehlshaber. Dies ist in den Landesteilen rechts des Rheins der kommandierende General oder sein Stellvertreter, in der Pfalz der Kommandeur der dritten Division oder, wenn er ins Feld abgerückt ist, der ältere stellvertretende Infanteriebrigadekommandeur in der Pfalz. Gehört der Teil des Oberlandesgerichtsbezirks, für den das Standrecht angeordnet ist, zu mehreren Korpsbezirken, so benimmt sich der Präsident mit jedem der in Betracht kommenden kommandierenden Generale.

Wenn in dem Landesteile, für den das Standrecht angeordnet ist, sich eine Festung befindet, soll für die Festung und ihren erweiterten Befehlsbereich ein besonderes Standgericht eingesetzt werden.

Die Kanzlei- und Regiebedürfnisse eines standrechtlichen Gerichts werden von dem Amtsgerichte bestritten, in dessen Bezirke das standrechtliche Gericht seinen Sitz hat. Dieses Amtsgericht stellt auch die erforderlichen Schreibkräfte zur Verfügung. Der Oberlandesgerichtspräsident kann abweichende Anordnungen treffen.

§ 10. Die Sitze und die Bezirke der standrechtlichen Gerichte sollen im Gesetz- und Verordnungsblatt, im Justizministerialblatt, im Kriegsministerial-Verordnungsblatt und im Bayerischen Staatsanzeiger veröffentlicht werden. Sie sollen ferner von den Distriktsverwaltungsbehörden der betroffenen Orte oder Bezirke, in München von der Polizeidirektion, in ihren Amtsblättern und in den Tageszeitungen, die in dem betroffenen Orte oder Bezirke erscheinen, zur öffentlichen Kenntnis gebracht werden.

2. Besetzung der standrechtlichen Gerichte.

§ 11. Das standrechtliche Gericht ist mit fünf Richtern, darunter zwei Militärpersonen, und zwei Gerichtsbeisitzern besetzt (Art. 445 Abs. 1 des Strafgesetzbuchs von 1813.) Die drei Zivilrichter und die zwei Gerichtsbeisitzer werden von dem Präsidenten desjenigen Oberlandesgerichts, die zwei Richter, welche Militärpersonen sind, werden von demjenigen obersten Militärbefehlshaber (§ 9 Abs. 2 Satz 2) ernannt, zu dessen Bezirke der Sitz des standrechtlichen Gerichts gehört (Art. 8 Abs. 2 KG.).

§ 12. Der Präsident des Oberlandesgerichts wählt die von ihm zu ernennenden Richter aus den Richtern des Oberlandesgerichts oder eines Landgerichts oder Amtsgerichts des Oberlandesgerichtsbezirkes. Er soll darauf Rücksicht nehmen, daß die Auszuwählenden in der Strafrechtspflege erfahren sind (Art. 445 Abs. 2 des Strafgesetzbuchs von 1813).

Die auszuwählenden Militärpersonen müssen Offiziere mit mindestens Hauptmannsrang sein: sie können auch den zum Militärdienst einberufenen Offizieren des Beurlaubtenstandes entnommen werden.

§ 13. Das Amt eines Gerichtsbeisitzers ist ein Ehrenamt. Es kann nur von einem Deutschen versehen werden. Wer zum Amte eines Schöffen unfähig ist oder hierzu nicht berufen werden soll (§ 32—34 des Gerichtsverfassungsgesetzes), soll als Gerichtsbeisitzer nicht gewählt werden. Der Oberlandesgerichtspräsident soll die Gerichtsbeisitzer aus der Urliste der Personen, welche zum Schöffenamte berufen werden können, auswählen und hierbei nur Einwohner des Ortes, an dem das standrechtliche Gericht seinen Sitz hat, oder der unmittelbaren Umgebung berücksichtigen.

Die Reihenfolge, in welcher die Gerichtsbeisitzer an den einzelnen Sitzungen teilnehmen, bestimmt der Vorsitzende des standrechtlichen Gerichts. Er setzt sie von dem Sitzungstage, an dem sie in Tätigkeit zu treten haben, unter Hinweis auf die Folgen des Ausbleibens (Abs. 3) in Kenntnis.

Gerichtsbeisitzer, welche ohne genügende Entschuldigung zu den Sitzungen sich nicht rechtzeitig einfinden oder ihren Obliegenheiten in anderer Weise sich entziehen, sind von dem Vorsitzenden des standrechtlichen Gerichts nach Anhörung der Staatsanwaltschaft zu einer

Ordnungsstrafe von 5 bis 1000 *M* sowie in die verursachten Kosten zu verurteilen. Erfolgt nachträglich genügende Entschuldigung, so kann die Verurteilung ganz oder teilweise zurückgenommen werden.

§ 14. Für die richterlichen Mitglieder sowie die Gerichtsbeisitzer sind Ersatzmitglieder zu ernennen. Für die Ernennung der Ersatzmitglieder gelten die Vorschriften der §§ 11—13 entsprechend. Die Bestimmung ihrer Zahl bleibt dem Präsidenten des Oberlandesgerichts, bezüglich der Militärpersonen dem obersten Militärbefehlshaber überlassen. Bei der Ernennung ist zugleich die Reihenfolge zu bestimmen, in der die Ersatzmitglieder einzutreten haben.

§ 15. Die zu Mitgliedern des standrechtlichen Gerichts ernannten Militärpersonen und ihre Stellvertreter werden bei ihrer ersten Dienstleistung von dem Vorsitzenden des standrechtlichen Gerichts beeidigt.

Die Eidesformel lautet:

„Ich schwöre bei Gott dem Allmächtigen und Allwissenden, die Pflichten eines Richters getreulich zu erfüllen. So wahr mir Gott helfe."

Dem Schwörenden ist gestattet, den Schlußworten der Eidesformel eine seinem Glaubensbekenntnis entsprechende Bekräftigungsformel hinzuzufügen.

Über die erfolgte Beeidigung ist ein Protokoll aufzunehmen.

Die Gerichtsbeisitzer werden nicht beeidigt. Sie sind bei ihrer erstmaligen Dienstleistung darauf aufmerksam zu machen, daß sie, wenn sie glauben, daß vor dem standrechtlichen Gerichte nicht den Gesetzen gemäß verfahren worden ist, berechtigt sind, dies zu Protokoll des standesrechtlichen Gerichts zu erklären.

§ 16. Mit den Geschäften der Staatsanwaltschaft beauftragt der Oberstaatsanwalt, wenn nicht das Staatsministerium der Justiz einen Beamten als Staatsanwalt bezeichnet hat, einen Staatsanwalt oder Amtsanwalt oder einen anderen nichtrichterlichen Justizbeamten des Oberlandesgerichtsbezirks. Die Vorschrift des § 9 Abs. 1 Satz 2 gilt entsprechend.

Im Notfalle bestimmt der Vorsitzende des standrechtlichen Gerichts einen Beamten als Staatsanwalt; er soll hierzu das Einverständnis des Vorgesetzten des Beamten erholen.

Die Beamten der Staatsanwaltschaft bei den standrechtlichen Gerichten haben den dienstlichen Anweisungen des Oberstaatsanwalts und des Staatsministeriums der Justiz nachzukommen. Sie sind gehalten, in Fragen, welche das militärische Interesse berühren, die Ansicht des obersten Militärbefehlshabers (§ 9 Abs. 2), in Festungen des Gouverneurs (Kommandanten) zu vertreten.

§ 17. Den Dienst des Gerichtsschreibers (Art. 455 des Strafgesetzbuchs von 1813) versieht ein vom Oberlandesgerichtspräsidenten hierzu bestimmter Gerichtsschreiber oder Gerichtsschreibereibeamter des Oberlandesgerichtsbezirks, welcher als stellvertretender Gerichtsschreiber bestellt ist. Im Notfalle bestimmt der Vorsitzende des standrechtlichen Gerichts den Gerichtsschreiber; soferne dieser den Eid als Gerichtsschreiber noch nicht geleistet hat, ist er von dem Vorsitzenden zu verpflichten.

§ 18. Den Vorsitz im standrechtlichen Gerichte führt der rangälteste richterliche Zivilbeamte (Art. 445 Abs. 3 des Strafgesetzbuchs von 1813).

3. Allgemeine Vorschriften.

a) Ausschließung von Gerichtspersonen.

§ 19. Als richterliches Mitglied des standrechtlichen Gerichts soll nicht mitwirken, wer, falls der ordentliche Strafprozeß gelten würde, nach dessen Vorschriften von der Ausübung des Richteramts ausgeschlossen wäre oder wegen begründeter Besorgnis der Befangenheit abgelehnt werden könnte (§§ 22, 24 der Strafprozeßordnung).

Gleiches gilt von den Gerichtsbeisitzern und dem Gerichtsschreiber.

Über ein Ablehnungsgesuch des Angeschuldigten entscheidet das standrechtliche Gericht. Der Abgelehnte wirkt hierbei mit; er soll sich jedoch der Mitwirkung enthalten, wenn ein Stellvertreter zur Stelle ist.

b) Zuständigkeit des Gerichts.

§ 20. Die sachliche Zuständigkeit der standrechtlichen Gerichte wird durch den Art. 6 des Gesetzes über den Kriegszustand bestimmt.

Örtlich zuständig ist das standrechtliche Gericht, in dessen Bezirke die strafbare Handlung begangen worden ist oder der Angeschuldigte sich aufhält oder ergriffen worden ist. Unter mehreren zuständigen Gerichten gebührt demjenigen der Vorzug, das in der Sache zuerst tätig geworden ist.

c) Bekanntmachung von Entscheidungen.

§ 21. Entscheidungen und Verfügungen des standrechtlichen Gerichts oder des Staatsanwalts, welche in Anwesenheit der davon betroffenen Person ergehen, werden ihr durch Verkündung bekanntgegeben. Soweit die Bekanntmachung anderer Entscheidungen und Verfügungen erforderlich ist, erfolgt sie nach den für das ordentliche Strafverfahren geltenden Vorschriften.

Dem nicht auf freiem Fuße Befindlichen ist das bekanntzugebende Schriftstück auf Verlangen vorzulesen und, wenn er der deutschen Sprache unkundig ist, zu übersetzen.

d) Zeugen, Sachverständige, Augenschein.

§ 22. Die für den ordentlichen Strafprozeß geltenden Vorschriften der §§ 48—85, 93 der Strafprozeßordnung finden auf die Verpflichtung als Zeuge oder Sachverständiger vor dem Staatsanwalt oder dem standrechtlichen Gerichte zu erscheinen und auszusagen sowie auf die Vernehmung und die Beeidigung der Zeugen und Sachverständigen entsprechende Anwendung.

Ein Zeuge kann sowohl zur Vernehmung durch den Staatsanwalt oder den Amtsrichter (§ 29) als auch zur Verhandlung vor das standrechtliche Gericht auch mündlich geladen werden.

Die auf Ladung des Staatsanwalts oder des standrechtlichen Gerichts erschienenen Zeugen und Sachverständigen erhalten nach Maßgabe der allgemeinen Gebührenordnung für Zeugen und Sachverständige aus der Staatskasse Entschädigung. Streitigkeiten über die Gebühren entscheidet das standrechtliche Gericht endgültig.

§ 23. Für die Einnahme eines richterlichen Augenscheins und die richterliche Leichenschau und Leichenöffnung gelten die Vorschriften der §§ 86—91 der Strafprozeßordnung entsprechend; die im § 88 Satz 2 enthaltene Vorschrift, daß dem Beschuldigten die Leiche zur Anerkennung vorzuzeigen ist, gilt nur, wenn die Vorzeigung ohne erhebliche Verzögerung ausführbar ist.

e) Verteidigung.

§ 24. Der Angeschuldigte kann sich in jeder Lage des Verfahrens des Beistandes eines Verteidigers bedienen. Er ist hierauf bei seiner ersten Vernehmung aufmerksam zu machen. Verteidiger können außer den Rechtsanwälten auch sonstige rechtskundige sowie auch nicht rechtskundige Personen sein.

In den Fällen des Art. 7 Nr. 3 Abs. 2 des Gesetzes über den Kriegszustand ist die Verteidigung notwendig. In diesen Fällen wird dem Angeschuldigten, der einen Verteidiger nicht gewählt hat, ein solcher von dem Vorsitzenden womöglich aus den rechtskundigen Personen des Ortes bestellt, an welchem das standesrechtliche Gericht seinen Sitz hat.

Dem zum Verteidiger bestellten Rechtsanwalte sind für die geführte Verteidigung die Gebühren nach Maßgabe der Gebührenordnung aus der Staatskasse zu bezahlen.

§ 25. Wenn in einem Falle, in dem die Verteidigung notwendig ist, der Verteidiger in der Verhandlung vor dem standrechtlichen Gericht ausbleibt, sich unzeitig ent-entfernt oder sich weigert, die Verteidigung zu führen, so findet der § 145 der Strafprozeßordnung Anwendung.

§ 26. Dem verhafteten Angeschuldigten ist mündlicher Verkehr mit dem Verteidiger gestattet. Schriftliche Mitteilungen kann der Vorsitzende zurückweisen, falls ihm deren Einsicht nicht gestattet wird.

Der Verteidiger ist nach der Anberaumung des Termins zur Verhandlung vor dem standrechtlichen Gericht zur Einsicht der dem standrechtlichen Gerichte vorliegenden Akten befugt; vor diesem Zeitpunkt ist ihm die Einsicht der Akten nur insoweit zu gestatten, als es ohne Gefährdung des Untersuchungszweckes geschehen kann; die Einsicht der Protokolle über die Vernehmung des Angeschuldigten und der Gutachten der Sachverständigen darf ihm keinesfalls verweigert werden.

§ 27. Der Ehemann einer Angeschuldigten ist in der Verhandlung vor dem standrechtlichen Gerichte als Beistand derselben zuzulassen und auf sein Verlangen zu hören.

Das gleiche gilt von dem gesetzlichen Vertreter eines Angeschuldigten.

In dem früheren Verfahren unterliegt die Zulassung solcher Beistände dem Ermessen des Vorsitzenden des standrechtlichen Gerichts.

4. Vorbereitung der Verhandlung.

§ 28. Der Staatsanwalt hat, sobald er durch eine Anzeige oder auf andere Weise von dem Verdacht einer zur Zuständigkeit des standrechtlichen Gerichts gehörenden strafbaren Handlung Kenntnis erhält, den Sachverhalt zu erforschen und die Beweise zu sammeln (Art. 446 des Strafgesetzbuchs von 1813). Dabei hat er sowohl die zur Belastung als auch die zur Entlastung des Angeschuldigten dienenden Umstände zu ermitteln.

Der Staatsanwalt hat entsprechend dem Zwecke des standrechtlichen Verfahrens rasch und entschieden zuzugreifen, damit der Schuldige die verdiente Strafe erleidet und die Strafe der Schuld möglichst unmittelbar folgt. Bei aller gebotenen Beschleunigung hat der Staatsanwalt aber auch im standrechtlichen Verfahren darauf bedacht zu sein, daß nur der wirklich Schuldige gestraft wird.

§ 29. Zur Aufklärung des Sachverhalts kann der Staatsanwalt von allen öffentlichen Behörden Auskunft verlangen und Ermittelungen jeder Art mit Ausnahme eidlicher Vernehmungen entweder selbst vornehmen oder durch die Hilfsbeamten der Staatsanwaltschaft, insbesondere die Beamten des Polizei- und Sicherheitsdienstes vornehmen lassen.

Er ist auch befugt, den Amtsrichter um die Vornahme von Untersuchungshandlungen zu ersuchen.

Sämtliche Behörden sind verpflichtet, dem Ersuchen oder Auftrage des Staatsanwalts zu genügen. Auch die Amtsgerichte müssen seinem Ersuchen um Rechtshilfe Folge leisten.

§ 30. Das standrechtliche Verfahren ist nach dem Art. 449 Nr. 2 des Strafgesetzbuchs von 1813 summarisch. Nach dem Art. 449 Nr. 5 dieses Gesetzes ist die Untersuchung und Beweisführung an die Förmlichkeiten des ordentlichen Prozesses nicht gebunden.

Hieraus folgt insbesondere, daß die Vorschriften der Strafprozeßordnung über die Beschlagnahme und Durchsuchung (§§ 94—111) und die Verhaftung und vorläufige Festnahme (§§ 112—132) im standrechtlichen Verfahren keine Anwendung finden.

Der Staatsanwalt und seine Hilfsbeamten, insbesondere die Behörden des Polizei- und Sicherheitsdienstes

(§ 29 Abs. 1) sowie der von dem Staatsanwalt um Rechtshilfe angegangene Amtsrichter (§ 29 Abs. 2) können Durchsuchungen behufs der Ergreifung des Beschuldigten oder behufs der Verfolgung von Spuren einer strafbaren Handlung oder der Auffindung von Beweismitteln jederzeit ohne weiteres vornehmen. Auch können sie Gegenstände, welche als Beweismittel für die Untersuchung von Bedeutung sein können, jederzeit ohne weiteres in Verwahr nehmen und, wenn sie von der Person, in deren Verwahr sie sich befinden, nicht freiwillig herausgegeben werden, beschlagnahmen.

Sie können auch den Angeschuldigten jederzeit in Untersuchungshaft nehmen, auch wenn er nicht fluchtverdächtig ist oder wenn keine sonstige Tatsache vorliegt, welche im ordentlichen Strafprozesse die Untersuchungshaft rechtfertigt. Der Verhaftete muß spätestens am Tage nach seiner Einlieferung in das Gefängnis durch einen Richter über den Gegenstand der Beschuldigung gehört werden; dem Richter kommt nicht zu, über die Fortdauer der Haft zu entscheiden.

Der Staatsanwalt sowie der von ihm um Rechtshilfe angegangene Amtsrichter (§ 29 Abs. 2) können ferner jederzeit ohne weiteres die an den Angeschuldigten gerichteten Briefe und Sendungen auf der Post sowie die an ihn gerichteten Telegramme auf den Telegraphenanstalten beschlagnahmen; desgleichen ist ohne weiteres zulässig an den bezeichneten Orten die Beschlagnahme solcher Briefe, Sendungen und Telegramme, in Betreff deren Tatsachen vorliegen, aus welchen zu schließen ist, daß sie von dem Angeschuldigten herrühren oder für ihn bestimmt sind, und daß ihr Inhalt für die Untersuchung Bedeutung habe.

Gegen die Beschlagnahme, die Durchsuchung oder die Festnahme (Abs. 3—5) steht den Betroffenen die Anrufung des standrechtlichen Gerichts nicht zu.

§ 31. Wenn Gefahr im Verzuge obwaltet, hat der

Vorsitzende des standrechtlichen Gerichts auch von Amts wegen die erforderlichen Untersuchungshandlungen vorzunehmen (Art. 445 Abs. 3, Art. 449 Ziff. 2, 5 des Strafgesetzbuchs von 1813); insbesondere hat auch er die in § 30 Abs. 3—5 bezeichneten Befugnisse.

§ 32. Hat der Staatsanwalt die Überzeugung gewonnen, daß der Angeschuldigte die ihm zur Last gelegte Tat nicht begangen hat, so stellt er das Verfahren ein; ist der Angeschuldigte von ihm oder dem Richter schon vernommen worden, so gibt er ihm von der Einstellung Kenntnis. Glaubt er, daß der Angeschuldigte die Tat begangen hat, diese aber nicht zur Zuständigkeit der standrechtlichen Gerichte gehört, so leitet er das Verfahren in den ordentlichen Strafprozeß über.

Hält er aber den Angeschuldigten für hinreichend verdächtig, die ihm zur Last gelegte Tat begangen zu haben, und das standrechtliche Gericht für zuständig, so beantragt er bei dem Vorsitzenden des standrechtlichen Gerichts, daß zur Verhandlung vor dem standrechtlichen Gerichte geschritten wird. Eine Anklageschrift wird nicht eingereicht. Der Antrag des Staatsanwalts hat indessen die dem Angeschuldigten zur Last gelegte Tat unter Hervorhebung ihrer gesetzlichen Merkmale und des anzuwendenden Strafgesetzes zu bezeichnen und die Beweismittel anzugeben.

§ 33. Fallen dem Angeschuldigten nach dem Ergebnisse des Verfahrens mehrere strafbare Handlungen zur Last und erscheint für die Strafzumessung die Feststellung des einen oder des anderen Straffalls unwesentlich, so kann der Staatsanwalt in Ansehung eines solchen bis zur rechtskräftigen Entscheidung über die anderen Fälle von einer Anklage absehen. Die Verfügung ist zu den Akten zu bringen.

§ 34. Auf den Antrag des Staatsanwalts (§ 32 Abs. 2) beraumt der Vorsitzende des standrechtlichen Gerichts

Termin zur Verhandlung vor dem standrechtlichen Gerichte an. Eine Entscheidung über die Eröffnung des Verfahrens vor dem standrechtlichen Gerichte findet nicht statt.

Der Vorsitzende kann als Ort der Verhandlung auch einen anderen Ort als den Sitz des standrechtlichen Gerichts festsetzen.

§ 35. Die zur Verhandlung erforderlichen Ladungen und die Herbeischaffung der als Beweismittel dienenden Gegenstände bewirkt der Staatsanwalt (Art. 446 des Strafgesetzbuchs von 1813). Er kann die Vorführung des auf freiem Fuße befindlichen Angeschuldigten anordnen.

Dem Angeschuldigten sind bei der Ladung zur Verhandlung die ihm zur Last gelegte Tat sowie die vom Staatsanwalt angegebenen Beweismittel schriftlich zu bezeichnen. Zu diesem Zwecke genügt es, eine Abschrift des Antrags des Staatsanwalts (§ 32 Abs. 2) mitzuteilen.

Zugleich ist dem Angeschuldigten zu eröffnen, daß er einen Verteidiger wählen könne, dem auf freiem Fuße befindlichen Angeschuldigten ferner, daß er Zeugen und Sachverständige und andere Beweismittel zur Verhandlung unmittelbar stellen könne. Der nicht auf freiem Fuße befindliche Angeschuldigte ist zu befragen, ob und welche Anträge er in Bezug auf seine Verteidigung zu stellen habe.

Ist die Verteidigung eine notwendige, so muß der Verteidiger spätestens bei der Anberaumung des Termins zur Verhandlung vor dem standrechtlichen Gerichte bestellt und die Bestellung dem Angeschuldigten mit der Ladung bekanntgemacht werden.

§ 36. Zwischen der Ladung des Angeschuldigten und der Verhandlung soll eine Frist von mindestens 24 Stunden liegen. Im übrigen soll die Verhandlung möglichst bald stattfinden.

§ 37. Wurde der Angeschuldigte bei Ausübung der Tat

oder auf der Verfolgung nach der Tat ergriffen, so kann der Antrag des Staatsanwalts, daß zur Verhandlung vor dem standrechtlichen Gerichte geschritten wird, mündlich gestellt werden. Die in § 35 Abs. 2—4 vorgeschriebenen Mitteilungen können dem Angeschuldigten mündlich eröffnet werden. Die in § 36 bestimmte Ladungsfrist braucht nicht eingehalten zu werden.

5. Die Verhandlung vor dem standrechtlichen Gerichte.

§ 38. Die Verhandlung vor dem standrechtlichen Gerichte erfolgt in ununterbrochener Gegenwart der Richter, der Gerichtsbeisitzer, der Staatsanwaltschaft sowie eines Gerichtsschreibers (Art. 449 Nr. 1 des Strafgesetzbuchs von 1813).

Die Gerichtssprache ist die deutsche. Wegen der Zuziehung eines Dolmetschers gelten die §§ 187, 188, 191 bis 193 des Gerichtsverfassungsgesetzes entsprechend.

§ 39. Die Verhandlung vor dem standrechtlichen Gericht erfolgt öffentlich.

Die Öffentlichkeit kann von dem standrechtlichen Gerichte ausgeschlossen werden, wenn sie eine Gefährdung der öffentlichen Ordnung besorgen läßt; die Verhandlung über die Ausschließung der Öffentlichkeit findet in nicht öffentlicher Sitzung statt, wenn das Gericht es für angemessen erachtet; der Beschluß, welcher die Öffentlichkeit ausschließt, muß öffentlich verkündet werden.

Die Verkündung des Urteils erfolgt in jedem Falle öffentlich (Art. 7 Nr. 2 KG.). Durch besonderen Beschluß der Gerichts kann für die Eröffnung der Urteilsgründe oder eines Teiles derselben die Öffentlichkeit ausgeschlossen werden, wenn sie eine Gefährdung der öffentlichen Ordnung besorgen läßt.

§ 40. Gegen einen ausgebliebenen Angeschuldigten findet die Verhandlung nicht statt. Ist das Ausbleiben des Angeschuldigten nicht genügend entschuldigt, so ist seine Verhaftung oder Vorführung anzuordnen. Der erschienene Angeschuldigte darf sich aus der Verhandlung nicht entfernen.

Erscheinen Zeugen oder Sachverständige trotz ordnungsmäßiger Ladung (vgl. § 22 Abs. 2) nicht, so kann das standrechtliche Gericht ihre Vorführung anordnen; auch können sie solange festgehalten werden, als das Gericht es für erforderlich erachtet (Art. 450 des Strafgesetzbuchs von 1813).

§ 41. Die Aufrechthaltung der Ordnung während der Verhandlung liegt dem Vorsitzenden ob.

Die Vorschriften der §§ 178—181 des Gerichtsverfassungsgesetzes finden entsprechende Anwendung.

§ 42. Die Leitung der Verhandlung, die Vernehmung des Angeschuldigten und die Aufnahme des Beweises erfolgt durch den Vorsitzenden (Art. 445 Abs. 3 des Strafgesetzbuchs von 1813).

Der Vorsitzende hat den beisitzenden Richtern auf Verlangen zu gestatten, Fragen an die Zeugen und Sachverständigen zu stellen; dasselbe hat er dem Staatsanwalt, dem Angeschuldigten und dem Verteidiger zu gestatten. Ungeeignete oder nicht zur Sache gehörige Fragen weist er zurück.

§ 43. Die Verhandlung beschränkt sich gegen den Angeschuldigten auf diejenigen strafbaren Handlungen, für welche das standrechtliche Gericht zuständig ist (Art. 449 Nr. 2 des Strafgesetzbuchs von 1813).

§ 44. Die Verhandlung beginnt mit dem Aufrufe der Zeugen und Sachverständigen.

Hieran schließt sich die Vernehmung des Angeschuldigten über seine persönlichen Verhältnisse.

Sodann wird die Anklage vom Staatsanwalt durch Bezeichnung der dem Angeschuldigten zur Last gelegten Tat unter Hervorhebung ihrer gesetzlichen Merkmale und des anzuwendenden Strafgesetzes mündlich vorgetragen.

Der Angeschuldigte ist zu befragen, ob er etwas auf die Beschuldigung erwidern wolle. Die Vernehmung soll ihm Gelegenheit zur Beseitigung der gegen ihn vorliegenden Verdachtsgründe und zur Geltendmachung der zu seinen Gunsten sprechenden Tatsachen geben.

§ 45. Nach der Vernehmung des Angeschuldigten erfolgt die Beweisaufnahme.

Die Zeugen sind dem Angeschuldigten mit dem Befragen entgegenzustellen, was er gegen ihre Person einzuwenden und allenfalls zu seiner Verteidigung vorzubringen habe (Art. 449 Nr. 6 des Strafgesetzbuchs von 1813).

Der Angeschuldigte ist auch nach der Vernehmung eines Mitangeschuldigten oder Sachverständigen sowie nach der Verlesung eines jeden Schriftstücks zu befragen, ob er etwas zu erklären habe.

§ 46. Das standrechtliche Gericht kann auf Antrag des Staatsanwalts oder des Angeschuldigten und von Amts wegen die Ladung von Zeugen und Sachverständigen, sowie die Herbeischaffung anderer Beweismittel anordnen. Dabei ist es an die Förmlichkeiten des ordentlichen Strafprozesses nicht gebunden (Art. 449 Nr. 5 des Strafgesetzbuchs von 1813); es kann insbesondere die Durchsuchung von Räumen und Gegenständen sowie die Beschlagnahme von Gegenständen ohne weiteres verfügen.

§ 47. Die Beweisaufnahme beschränkt sich auf diejenigen wesentlichen Umstände der angeschuldeten Tat, aus welchen sich ergibt, daß sie überhaupt diejenige strafbare Handlung ist, welche zur Zuständigkeit des standrechtlichen Gerichts gehört, und daß sie nach gehöriger Verkündung der Verhängung des Kriegszustandes begangen oder fortgesetzt worden ist (Art. 6 KG., Art. 449 Nr. 4 des Strafgesetzbuchs von 1813).

Im übrigen ist die Beweisaufnahme auf die sämtlichen vorgeladenen und erschienenen Zeugen und Sachverständigen sowie auf die anderen herbeigeschafften Beweismittel zu erstrecken. Von der Erhebung einzelner Beweise kann abgesehen werden, wenn der Staatsanwalt und der Angeschuldigte hiermit einverstanden sind. Das Gericht kann die Erhebung eines einzelnen Beweises ablehnen, falls es die zu beweisende Tatsache einstimmig für unerheblich oder zu Gunsten des Angeschuldigten für erwiesen erachtet.

§ 48. Beruht der Beweis einer Tatsache auf der Wahrnehmung einer Person, so kann deren Vernehmung durch Verlesung des über eine frühere Vernehmung aufgenommenen Protokolls oder einer schriftlichen Erklärung ersetzt werden; hiervon soll indessen nur Gebrauch gemacht werden, wenn die Vernehmung dieser Person in der Verhandlung mit besonderen Schwierigkeiten verbunden ist oder das Verfahren erheblich verzögern würde. Die über eine frühere Vernehmung des Angeschuldigten, eines Mitbeschuldigten oder eines bereits verurteilten Mitschuldigen aufgenommenen Protokolle können verlesen werden.

§ 49. Nach dem Schlusse der Beweisaufnahme erhalten die Staatsanwaltschaft und sodann der Angeschuldigte zu ihren Ausführungen und Anträgen das Wort. Dem Staatsanwalte steht das Recht der Erwiderung zu; dem Angeschuldigten gebührt das letzte Wort.

Der Angeschuldigte ist, auch wenn ein Verteidiger für ihn gesprochen hat, zu befragen, ob er selbst noch etwas zu seiner Verteidigung anzuführen habe.

§ 50. Einem der Gerichtssprache nicht mächtigen Angeschuldigten müssen aus den Schlußvorträgen mindestens die Anträge des Staatsanwalts und des Verteidigers durch den Dolmetscher bekannt gemacht werden.

Dasselbe gilt von einem tauben Angeschuldigten, sofern nicht eine schriftliche Verständigung erfolgt.

§ 51. Die Verhandlung vor dem standrechtlichen Gerichte schließt mit der Erlassung des Urteils.

Über das Ergebnis der Beweisaufnahme entscheidet das Gericht nach seiner freien, aus dem Inbegriffe der Verhandlung geschöpften Überzeugung.

Zu dem Strafurteil wird nach dem Art. 449 Nr. 5 des Strafgesetzbuchs von 1813 nur soviel gefordert, als nötig ist, die Richter in ihrem Gewissen zu überzeugen daß die Tat geschehen und daß sie von dem Angeschuldigten begangen worden ist.

§ 52. An der Beratung und Abstimmung dürfen nur die fünf richterlichen Mitglieder des standrechtlichen Gerichts teilnehmen.

Die Reihenfolge bei der Abstimmung richtet sich nach dem Lebensalter. Der Jüngste stimmt zuerst, der Vorsitzende zuletzt. Ist ein Berichterstatter ernannt, so stimmt er zuerst.

Die Beratung und die Abstimmung sind geheim. Der Vorsitzende leitet die Beratung, stellt die Fragen und sammelt die Stimmen (Art. 445 Abs. 3 des Strafgesetzbuchs von 1813).

§ 53. Bei der Abstimmung ist zunächst darüber zu entscheiden, ob die dem Angeschuldigten zur Last gelegte Tat eine solche sei, worüber infolge der Verkündung der Verhängung des Standrechts nach dem Art. 6 des Gesetzes über den Kriegszustand standrechtlich gerichtet werden darf (Art. 451 Nr. 1 des Strafgesetzbuchs von 1813).

Wenn diese Frage durch einfache Stimmenmehrheit bejaht worden ist, wird nach Art. 451 Nr. 2 des Strafgesetzbuchs von 1813 über die Frage abgestimmt, ob der Angeschuldigte der Tat schuldig sei.

Bei der Abstimmuug über diese Frage hat jeder Richter nach dem Art. 452 dieses Gesetzes seine Stimme auf folgende Weise abzugeben:

1. wenn er den Angeschuldigten der Tat für überwiesen erachtet, so äußert er diese Überzeugung durch den Ausspruch „schuldig";
2. wenn er überzeugt ist, daß der Angeschuldigte sich von aller Schuld gereinigt habe, durch den Ausdruck „unschuldig";
3. wenn er sich überzeugt hält, daß der Angeschuldigte weder überwiesen noch von aller Schuld gereinigt sei, durch das Wort „zweifelhaft".

§ 54. Hat mindestens eine Mehrheit von vier Stimmen gegen eine sich für die Unschuld des Angeschuldigten erklärt, so wird er förmlich losgesprochen und sogleich in Freiheit entlassen.

Hat dagegen mindestens eine Mehrheit von vier Stimmen gegen eine die Schuld des Angeschuldigten ausgesprochen, so finden auf die Festsetzung der Strafe die Vorschriften des § 198 des Gerichtsverfassungsgesetzes entsprechende Anwendung.

Außer den beiden vorgedachten Fällen wird der Angeschuldigte dem ordentlichen Gerichte zur förmlichen Untersuchung übergeben (Art. 453 des Strafgesetzbuchs von 1813). Ist er nicht auf freiem Fuße, so bleibt er verhaftet, bis das ordentliche Strafgericht die Aufhebung der Untersuchungshaft verfügt; ist er auf freiem Fuße, so kann das standrechtliche Gericht seine Verhaftung anordnen oder der Staatsanwalt ihn vorläufig festnehmen lassen.

§ 55. Eine Aussetzung der Erlassung des Urteils ist unzulässig.

Das von dem standrechtlichen Gericht ausgesprochene Urteil wird unter der Formel

„Im Namen seiner Majestät des Königs von Bayern"

erlassen. Es besteht nur in der sogenannten Urteilsformel und wird von dem Vorsitzenden durch Verlesen verkündet.

Zugleich eröffnet der Vorsitzende die Urteilsgründe, Wenn der Angeschuldigte nicht vor das ordentliche Strafgericht verwiesen wird, ist ferner anzugeben, mit wieviel Stimmen die Schuld oder die Unschuld des Angeschuldigten ausgesprochen worden ist. Die Urteilsgründe müssen die für erwiesen erachteten Tatsachen angeben, in welchen die gesetzlichen Merkmale der strafbaren Handlung gefunden worden sind, und das zur Anwendung gebrachte Strafgesetz bezeichnen; sie sollen sich hierbei nur auf das unbedingt Wesentliche und Notwendige beschränken.

Das Urteil ist von den sämtlichen Richtern zu unterzeichnen.

§ 56. Über die Verhandlung vor dem standrechtlichen Gerichte soll ein Protokoll aufgenommen werden.

Das Protokoll enthält

1. den Ort und den Tag der Verhandlung,
2. die Namen der Richter, Gerichtsbeisitzer, des Beamten der Staatsanwaltschaft, des Gerichtsschreibers und des zugezogenen Dolmetschers,
3. die Bezeichnung der strafbaren Handlung nach der Anklage,
4. die Namen der Angeschuldigten, ihrer Verteidiger, gesetzlichen Vertreter und Beistände,
5. die Angabe, daß öffentlich verhandelt oder die Öffentlichkeit ausgeschlossen ist,
6. die Urteilsformel sowie
7. wenn der Angeschuldigte nicht vor das ordentliche Strafgericht verwiesen wird, die Angabe, mit wieviel Stimmen die Schuld oder die Unschuld des Angeschuldigten ausgesprochen worden ist (Art. 455 Abs. 1 des Strafgesetzbuchs von 1813),
8. die Angabe des Zeitpunkts, in dem das Urteil verkündet worden ist.

§ 57. Das Protokoll muß den Gang der Verhandlung im wesentlichen wiedergeben, insbesondere die vernommenen Zeugen und Sachverständigen nach Name, Stand und

Wohnort bezeichnen und angeben, ob sie beeidigt worden sind.

Das Protokoll muß nach dem Art. 455 Abs. 1 des Strafgesetzbuchs von 1813 das Wesentliche, was die Beschaffenheit der Tat und die Beweise wider den Angeschuldigten betrifft, enthalten. Dieser Vorschrift wird genügt, indem entweder die Urteilsgründe (§ 55 Abs. 3) in das Protokoll aufgenommen werden, oder, falls sie schriftlich niedergelegt sind, das Schriftstück als Anlage dem Protokolle beigegeben wird.

Über die Vollstreckung enthält das Protokoll keine Angabe.

Das Protokoll ist von den Richtern, den Gerichtsbeisitzern, dem Staatsanwalt und dem Gerichtsschreiber zu unterzeichnen (Art. 455 Abs. 2 des Strafgesetzbuchs von 1813).

6. Vollstreckung.

§ 58. Die Urteile des standrechtlichen Gerichts sind sofort vollstreckbar. Ein Rechtsmittel gegen sie findet nicht statt (Art. 7 Nr. 4 KG.); einem Begnadigungsgesuch kommt eine aufschiebende Wirkung nicht zu (Art. 454 des Strafgesetzbuchs von 1813). Eine Wiederaufnahme des Verfahrens ist ausgeschlossen.

§ 59. Todesurteile werden 24 Stunden nach der Verkündung vollstreckt (Art. 7 Nr. 5 KG.). Die Todesstrafe wird durch Erschießen vollzogen (Art. 454 des Strafgesetzbuchs von 1813); die Vollstreckung erfolgt durch die Militärbehörde nach den hierfür geltenden besonderen Bestimmungen. Der Staatsanwalt setzt in Standorten den Kommandanten oder Garnisonältesten, sonst den Befehlshaber eines der nächsten Truppenteile unverzüglich von der Fällung des Todesurteils und dem Zeitpunkt seiner Verkündung in Kenntnis und überschickt ihm eine vom Gerichtsschreiber zu erteilende vollstreckbare Ausfertigung des Urteils. Ein Mitglied des standrechtlichen Gerichts soll bei der Vollstreckung zugegen sein.

§ 60. Urteile, welche auf eine andere Strafe als die Todesstrafe lauten, werden auf Grund einer vom Gerichtsschreiber zu erteilenden vollstreckbaren Ausfertigung des Urteils durch den Staatsanwalt, zu dessen Bezirke der Sitz des standrechtlichen Gerichts gehört, nach den für die Urteile der ordentlichen Strafgerichte geltenden Vorschriften vollstreckt.

Einem Strafaufschubsgesuche kommt keine aufschiebende Wirkung zu.

7. Kosten des Verfahrens.

§ 61. In dem standrechtlichen Verfahren werden Gebühren nicht erhoben. Für die von Amts wegen zu erteilenden Ausfertigungen und Abschriften werden auch keine Schreibgebühren erhoben. Im übrigen finden hinsichtlich der Auslagen die Vorschriften des Gerichtskostengesetzes entsprechende Anwendung (Art. 26 des Gebührengesetzes).

Für die Kosten des Verfahrens gelten die §§ 496—499 der Strafprozeßordnung entsprechend. Wird der Angeschuldigte dem ordentlichen Gerichte übergeben (§ 54 Abs. 3), so hat dieses auch über die Kosten des standrechtlichen Verfahrens zu entscheiden.

8. Verfahren nach der Beendigung des Standrechts.

§ 62. Nach der Beendigung des Standrechts haben der Vorsitzende des standrechtlichen Gerichts die bei diesem und die Staatsanwaltschaft die bei ihr erwachsenen Verhandlungen an die Staatsanwaltschaft bei dem ordentlichen Strafgerichte abzugeben, zu dessen Bezirke der Sitz des standrechtlichen Gerichts gehört. Die Staatsanwaltschaft bei dem ordentlichen Gerichte hat nach dem Art. 10 Abs. 3 des Gesetzes über den Kriegszustand zu verfahren.

§ 63. Die im Art. 455 Abs. 2 des Strafgesetzbuchs von 1813 enthaltene Vorschrift, daß das Protokoll des standrechtlichen Gerichts dem Oberlandesgerichte vorzulegen ist und der Staatsanwalt über die Verhandlungen des standrechtlichen Gerichts zu berichten hat, findet in dem für den Kriegszustand angeordneten Standrecht keine Anwendung.

Nach der Beendigung des Standrechts legt der Staatsanwalt dem Staatsministeriums der Justiz durch Vermittelung des Oberstaatsanwalts eine Nachweisung über seine Tätigkeit und über die Tätigkeit des standrechtlichen Gerichts vor; die Nachweisung ist nach dem Muster der jährlichen Geschäftsausweise der Strafkammern und der landgerichtlichen Staatsanwaltschaften zu fertigen.

München, den 13. März 1913.

Dr. **Frhr. von Soden-Fraunhofen** **von Thelemann**
von Breunig **von Seidlein** **Frhr. von Kreß**

Anlage II.

Bekanntmachung, die Vollstreckung der militärgerichtlich und der standrechtlich erkannten Todesstrafen betreffend.

Vom 17. März 1914 (JMBl. S. 53 ff.)

Königliches Staatsministerium der Justiz.

Königliches Kriegsministerium.

I. Vollstreckung der Todesstrafe durch Erschießen
und zwar

A. der militärgerichtlich erkannten Todesstrafen.

1. Nach § 14 des Militärstrafgesetzbuchs ist die Todesstrafe durch Erschießen zu vollstrecken, wenn sie wegen eines militärischen Verbrechens, im Felde auch dann, wenn sie wegen eines nichtmilitärischen Verbrechens erkannt worden ist.

Die Vollstreckung obliegt der Militärbehörde (§ 453 MStGO.).

2. Der Gerichtsherr, von dem die Strafvollstreckung anzuordnen ist (§ 451 MStGO.), hat diese ungesäumt herbeizuführen, sobald das rechtskräftige Urteil bestätigt ist.

Der Ort der Vollstreckung wird bei feldgerichtlichen Urteilen vom Gerichtsherrn, im übrigen vom Kriegsministerium bestimmt.

Ort und Zeit der Vollstreckung werden nur den Behörden bekanntgegeben, die dabei mitzuwirken haben.

3. In der Zeit zwischen der Bekanntgabe der Bestätigungsorder und der Vollstreckung des Urteils ist dem Verurteilten die Möglichkeit geistlichen Zuspruchs sowie der Ordnung seiner Angelegenheiten tunlichst zu gewähren.

4. Zur Strafvollstreckung wird auf Anfordern des Gerichtsherrn eine Truppenabteilung von der Stärke einer Kompagnie bestimmt. Ein Stabsoffizier leitet das Ver-

fahren. Er verfügt, auf welche Weise der Verurteilte zum Richtplatz gebracht werden soll.

Ob noch andere am Orte anwesende Truppenteile der Vollstreckung des Urteils beizuwohnen haben, ist nach den besonderen Verhältnissen des Einzelfalles zu bemessen.

5. Die Begleitung des Verurteilten durch einen Geistlichen ist gestattet.

Auf dem Richtplatz werden dem Verurteilten, während die Truppe das Gewehr präsentiert, die Urteilsformel und die Bestätigungsorder durch einen richterlichen Militärjustizbeamten oder — wenn ein solcher Beamter nicht zur Verfügung steht — durch einen Offizier vorgelesen.

Nachdem dem Geistlichen gestattet worden ist, dem Verurteilten nochmals zuzusprechen, führen zehn, in zwei Glieder eingeteilte und fünf Schritte von dem Verurteilten aufgestellte Gemeine das Urteil auf Kommando oder Wink aus.

Ob dem Verurteilten die Augen zu verbinden sind und ob er zu fesseln ist, wird von dem Stabsoffizier, der das Verfahren leitet, nach den Umständen entschieden.

6. Über den Akt ist eine Urkunde aufzunehmen, von dem richterlichen Militärjustizbeamten oder dessen Stellvertreter zu vollziehen und dem Gerichtsherrn zu übergeben.

B. der von einem standrechtlichen Gericht in Gemäßheit des Kriegszustandsgesetzes vom 5. November 1912 erkannten Todesstrafen.

7. Die Vollstreckung der Todesstrafe erfolgt durch die Militärbehörde mittels Erschießens (Art. 7 des Kriegszustandsgesetzes; Art. 454 des Strafgesetzbuchs für das Königreich Bayern vom Jahre 1813, Teil II, § 59 der Vollzugsvorschriften zum Kriegszustandsgesetz).

8. Der Staatsanwalt des standrechtlichen Gerichts setzt in Standorten den Kommandanten oder Garnison=

ältesten, sonst den Befehlshaber eines der nächsten Truppenteile unverzüglich von der Fällung des Todesurteils und dem Zeitpunkt seiner Verkündung in Kenntnis und überschickt ihm eine vom Gerichtsschreiber zu erteilende vollstreckbare Ausfertigung des Urteils.

9. Der Militärbefehlshaber bestimmt sodann ungesäumtest Zeit und Ort für die Vollstreckung und trifft die sonstigen Vorbereitungen.

10. Die Todesstrafe wird vierundzwanzig Stunden nach der Verkündung des Urteils vollstreckt.

Von Zeit und Ort der Vollstreckung ist dem Vorsitzenden des standrechtlichen Gerichts sofort Nachricht zu geben. Ein Mitglied des standrechtlichen Gerichts ist bei der Vollstreckung zugegen.

11. Die zur Vollstreckung bestimmte Abteilung besteht aus mindestens einem Zug unter Befehl eines Offiziers, der zum mindesten Hauptmannsrang hat; diesem Offizier obliegt die Leitung des Verfahrens.

Im übrigen finden die Vorschriften der Ziff. 3, Ziff. 4 Abs. 1 letzter Satz, Ziff. 5 mit der Maßgabe entsprechende Anwendung, daß die Urteilsformel durch einen Offizier verlesen wird.

12. Die Urkunde über den Vollstreckungsakt ist von dem die Vollstreckung leitenden Offizier und dem Mitglied des standrechtlichen Gerichts zu unterzeichnen und dem Staatsanwalt des standrechtlichen Gerichts zu übersenden.

C. der von einem standrechtlichen Gericht in Gemäßheit des Strafgesetzbuchs für das Königreich Bayern vom Jahre 1813 erkannten Todesstrafen.

13. Die Vollstreckung erfolgt längstens nach Verlauf von zwei Stunden — von der Verkündung des Todesurteils an den Angeklagten ab gerechnet — mittels Erschießens (Art. 454 des StGB. von 1813).

Die Erschießung wird durch die Bedeckungsmannschaft (Art. 447 Abs. 3 des Gesetzes) ausgeführt.

Die Leitung des Vollzugsaktes obliegt dem die Bedeckungsmannschaft befehligenden Offizier.

14. Im übrigen finden die Vorschriften der Ziff. 3 und 5 mit der Maßgabe entsprechende Anwendung, daß die Verlesung der Urteilsformel durch ein Mitglied des standrechtlichen Gerichts erfolgt.

15. In das Protokoll des standrechtlichen Gerichts ist eine Angabe über den Hergang der Vollstreckung aufzunehmen.

II. Vollstreckung der militärgerichtlich erkannten Todesstrafen durch Enthauptung.

16. Die von einem Militärgericht im Frieden wegen nichtmilitärischer Verbrechen erkannte Todesstrafe wird durch Enthauptung von der bürgerlichen Behörde nach den hiefür bestehenden Bestimmungen vollzogen (§ 454 MStGO.).

17. Der Gerichtsherr erster Instanz hat unmittelbar nach Eingang der Allerhöchsten Bestätigungsorder dem zuständigen Staatsanwalt eine beglaubigte Abschrift des Urteils und der Allerhöchsten Bestätigungsorder behufs Strafvollstreckung zu übersenden.

Zuständig für die Vollstreckung ist die Staatsanwaltschaft, in deren Bezirk sich der Verurteilte zur Zeit des Eintreffens der Bestätigungsorder in Haft befindet oder sonst aufhält. Der Haft- oder Aufenthaltsort ist dem Staatsanwalt genau zu bezeichnen.

Befindet sich der Verurteilte in Elsaß-Lothringen, so ist zur Strafvollstreckung der Staatsanwalt bei dem Landgericht Zweibrücken zuständig.

18. Der Staatsanwalt läßt den Verurteilten in das Zivilgefängnis überführen.

19. Erst nach der Überführung in dieses Gefängnis

wird dem Verurteilten durch die Staatsanwaltschaft die Allerhöchste Bestätigungsorder mündlich eröffnet und schriftlich zugestellt. Bis dahin ist sorgfältig darüber zu wachen, daß der Verurteilte von der Bestätigung des Todesurteils keine Kenntnis erhält.

20. Der Staatsanwalt teilt den Zeitpunkt der Hinrichtung baldtunlichst dem Gerichtsherrn mit. Dieser hat zwei Mitglieder des Kriegsgerichts zu entsenden, die der Hinrichtung beizuwohnen haben.

21. Von der vollzogenen Hinrichtung macht der Staatsanwalt dem Gerichtsherrn Mitteilung.

München, den 17. März 1913.

von Thelemann Frhr. von Kreß

Anlage III.

Strafgesetzbuch für das Königreich Bayern von 1813.

Teil II.

In welchen Fällen Standrecht eintreten kann.

Art. 441.*) Das Standrecht kann wegen folgender Verbrechen angeordnet werden:

1. wegen Aufruhrs im zweiten Grade (Teil I Art. 319), wenn dieser an Umfang oder Hartnäckigkeit so weit gediehen ist, daß die Ruhe nur durch außerordentliche Gewalt wieder hergestellt werden kann;
2. wenn in gewissen Gegenden Mord, Raub, Brandlegung ungewöhnlich überhandnehmen, vorzüglich aber, wenn sich ganze Banden zu solchen Verbrechen vereinigt haben, und die ordentlichen Mittel zur Wiederherstellung öffentlicher Sicherheit fruchtlos geblieben sind.

---

*) Art. 441 und 443 sind geändert durch Art. 3 Ziff. 12 des Ausführungsgesetzes zur Strafprozeßordnung vom 18. August 1879. Dieser lautet:

„Von den bisher geltenden landesgesetzlichen Normen über Strafrecht und Strafverfahren bleiben mit den im gegenwärtigen Gesetze enthaltenen Abänderungen und Zusätzen in Kraft:

12. . . . . ., die Bestimmungen über das Standrecht mit der Maßgabe, daß dasjenige, was im II. Teile des Strafgesetzbuchs von 1813 Art. 441 Ziff. 1 und Art. 443 von dem Aufruhr zweiten Grades gesagt ist, auf alle Fälle Anwendung findet, in welchen sich eine Menschenmenge zu hochverräterischen Unternehmungen (§§ 80—82 des Strafgesetzbuchs für das Deutsche Reich) sowie zu Verbrechen in Beziehung auf die Ausübung staatsbürgerlicher Rechte (§ 105) zusammenrottet oder der Tatbestand der Verbrechen des Aufruhrs (§ 115), des Auflaufs (§ 116), des Landfriedensbruchs (§ 125) begründet ist, soferne die verbrecherische Unternehmung an Umfang oder Hartnäckigkeit soweit gediehen ist, daß die Ruhe nur durch außerordentliche Gewalt wieder hergestellt werden kann."

Rechtliche Wirkungen des Standrechts.

Art. 442. Die rechtlichen Wirkungen des Standrechts sind folgende:

1. die ordentliche Kriminalgerichtsbarkeit tritt in Ansehung derjenigen Verbrechen und innerhalb derjenigen Distrikte, für welche das Standrecht namentlich angeordnet ist, außer Wirksamkeit;
2. über diejenigen, welche sich nach gehörig verkündetem Standrechte eines solchen Verbrechens schuldig gemacht haben, wird innerhalb vierundzwanzig Stunden, nachdem sie zum Verhör vor das Standrecht gestellt worden sind, gerichtet, und zwar ohne Vorbehalt der Berufung oder eines Gnadengesuchs;
3. alle diejenigen, welche überwiesen oder geständig sind, sich nach verkündetem Standrecht eines zur standrechtlichen Behandlung geeigneten Verbrechens als Miturheber oder Gehilfen schuldig gemacht zu haben, werden mit dem Tode bestraft, ohne Unterschied, ob der von ihnen verschuldete Grad des Verbrechens schon in dem Strafgesetzbuche mit der Todesstrafe bedroht ist oder nicht, und ohne Rücksicht auf mildernde Umstände, welche dem Verbrecher allenfalls vor dem ordentlichen Richter zustatten kommen dürften.

Von wem das Standrecht erklärt werden darf.

Art. 443.*) Im Falle eines Aufruhrs hat das Generalkommissariat im Einverständnisse mit dem Appellationsgerichte des Kreises, oder auch, wenn höchste Gefahr auf dem Verzuge haftet, für sich selbst allein zu erklären, daß die Notwendigkeit des Standrechts vorhanden sei.

Art. 444. Wegen Mordes, Raubes oder Brandlegung kann das Standrecht nur auf Antrag des Generalkreis-

*) Vgl. Anm. zu Art. 441.

kommissariats, nach eingeholten Gutachten des betreffenden Appellationsgerichts und nach Vernehmung des königlichen geheimen Rats, angeordnet werden.

Von Besetzung des Standrechts.

Art. 445. Das Standrecht muß mit fünf Richtern, zwei Gerichtsbeisitzern und einem beeideten Aktuar besetzt sein.

Zu Richtern werden drei in dem Kriminalrichteramte bewährte Männer aus einem königlichen Stadt- oder Appellationsgerichte und zwei Militärpersonen, wenigstens von dem Rang eines Hauptmannes, erwählt.

Der älteste unter den drei Zivilrichtern hat den Vorsitz, leitet die Untersuchung, hört den Inquisiten und den Zeugen ab, hält sodann die Umfrage und hat übrigens mit den andern Richtern gleiches Stimmrecht.

Art. 446. Dem Standrechte wird ein Kriminalfiskal oder anderer Beamter als öffentlicher Ankläger beigegeben, welcher die Beweise gegen die Schuldigen sammelt und dem Gerichte vorlegt.

Art. 447. Die Ernennung der zu Besetzung des Standrechts nötigen Personen gebührt allein dem Generalkommissär des Kreises, nach vorgängigem Benehmen mit dem betreffenden Appellationsgerichte.

Er bestimmt ihnen den Ort und die Stunde des Zusammentritts, und jeder, welcher zur Besetzung des Standrechts berufen wird, ist unter strenger Verantwortung schuldig, sich mit Beiseitsetzung aller anderen Geschäfte zur bestimmten Zeit und am bestimmten Orte einzufinden.

Über die Benennung der zwei Richter aus dem Militärstande und über die Abordnung der zur Bedeckung des Standrechts auf alle Fälle nötigen Mannschaft hat sich der Generalkreiskommissär mit dem nächsten Militär-Kommando zu benehmen.

Auch hat derselbe dem Landrichter des Ortes, wo

das Standrecht gehalten werden soll, aufzutragen, schleunigst Anstalten zu treffen, daß die nötigen Amtsgerätschaften und Vorbereitungen an einem zur Gerichtshaltung schicklichen Orte bereit seien.

Von feierlicher Verkündung des Standrechts.

Art. 448. Sobald die nötigen Ernennungen und Vorbereitungen geschehen sind, wird an dem Orte und in den Distrikten, für welche das Standrecht bestellt worden, unter Trommelschlag oder Trompetenschall die eingetretene Wirksamkeit des Standrechts verkündet.

Diese Verkündung soll enthalten:

die Benennung des Verbrechens, für welche das Standrecht angeordnet worden;

den Befehl, von diesem Verbrechen oder dessen Fortsetzung abzustehen; endlich

die Drohung, daß jeder, welcher nach verkündetem Standrecht solches Verbrechen begehe, oder dabei beharre, standrechtlich gerichtet und unnachsichtlich mit dem Tode bestraft werden soll.

Von dem standrechtlichen Verfahren.

Art. 449. Das standrechtliche Verfahren unterscheidet sich von dem ordentlichen in folgenden wesentlichen Punkten:

1. die ganze Verhandlung über eine dem Standrecht übergebene Person geschieht von Anfang bis zu Ende ohne Unterbrechung vor versammeltem Gerichte;
2. es beschränkt sich gegen den Angeschuldigten bloß auf dasjenige Verbrechen, für welches Standrecht angeordnet ist, und ist überhaupt summarisch, daher
3. so wenig eine Verteidigung zur Abwendung der Spezial-Inquisition, als eine Hauptverteidigung zur Abwendung oder Milderung der Strafe durch einen rechtsverständigen Verteidiger gestattet wird. Es erstreckt sich dasselbe

4. nur auf diejenigen wesentlichen Umstände der angeschuldeten Tat, aus welchen sich ergibt, daß sie überhaupt diejenige strafbare Handlung sei, welche zur Kompetenz des Standrechts gehört, und daß dieselbe nach gehöriger Verkündung desselben begangen worden;
5. die Untersuchung und Beweisführung ist an die Förmlichkeit des ordentlichen Prozesses nicht gebunden, und es wird zum Strafurteile nur so viel erfordert, als nötig ist, die Richter in ihrem Gewissen zu überzeugen, daß die Tat geschehen, und daß sie von dem vor Gericht Gestellten begangen worden sei;
6. sind glaubwürdige Zeugen vorhanden, welche eidlich wider den vor Gericht Gestellten über die Tat selbst aus eigener Erfahrung Zeugnis geben, so sind ihm diese Zeugen bei dem Verhör mit dem Befragen entgegenzustellen, was er gegen ihre Person einzuwenden und allenfalls zu seiner Verteidigung vorzubringen habe.

Art. 450. Das Standrecht ist berechtigt, die nötigen Zeugen, wer diese immer sein mögen, augenblicklich durch mündliche Befehle vorrufen und im Falle der Weigerung mit Gewalt vor sich bringen zu lassen; auch so lange anzuhalten als es für nötig erachtet wird.

Von dem standrechtlichen Urteil.

Art. 451. Nach geendigter Untersuchung wird über folgende Fragen besonders abgestimmt:

1. ob das dem Beklagten angeschuldete Verbrechen ein solches sei, worüber infolge der ergangenen Verkündung (Art. 448) standrechtlich gerichtet werden darf?

und wenn diese Frage durch Stimmenmehrheit bejahend entschieden worden:

2. ob Inquisit des Verbrechens schuldig sei?

Art. 452. Bei der Abstimmung über die im vorhergehenden Art. 451 bestimmte zweite Urteilsfrage hat ein jeder Beisitzer seine Stimme auf folgende Weise abzugeben, nämlich:

1. wenn er den Inquisiten der Tat für überwiesen erachtet, so äußert er diese Überzeugung durch den Ausspruch: „Schuldig!"
2. wenn er überzeugt ist, daß sich Inquisit von aller Schuld gereinigt habe, durch den Ausdruck: „Unschuldig!"
3. wenn er sich überzeugt hält, daß Inquisit weder überwiesen, noch von aller Schuld gereinigt sei, durch das Wort: „Zweifelhaft".

Art. 453. Hat mindestens eine Mehrheit von vier Stimmen gegen Eine die Schuld des Inquisiten ausgesprochen, so wird nun in derselben Sitzung das Todesurteil von dem Vorstande des Gerichts den Gesetzen gemäß ausgesprochen.

Hat hingegen mindestens eine Mehrheit von vier Stimmen gegen Eine sich für die Unschuld des Angeschuldigten erklärt, so wird derselbe förmlich losgesprochen und sogleich in Freiheit entlassen.

Außer den beiden vorgedachten Fällen aber wird der Angeschuldete dem ordentlichen Gerichte zur förmlichen Untersuchung übergeben.

Von Verkündung und Vollstreckung des Urteils.

Art. 454. Das von dem Standrecht gesprochene Todesurteil wird dem Inquisiten sogleich verkündet und hierauf längstens nach Verlauf von zwei Stunden mit der Kugel vollzogen, ohne daß gegen ein solches Erkenntnis irgend einem Rechtsmittel oder Begnadigungsgesuche stattgegeben würde.

Von dem Protokolle über standrechtliche Verhandlungen.

Art. 455. Über die standrechtlichen Verhandlungen soll ein ordentliches Protokoll geführt werden, in welches jedoch nur das Wesentliche, besonders was die Beschaffenheit der Tat und die Beweise wider den Angeschuldigten betrifft, samt den bei der Beratung aufgenommenen Stimmen, dem Urteil und dessen Vollstreckung, einzutragen ist.

Dieses Protokoll ist von allen, welche dem Standrechte beiwohnen, zu unterzeichnen und binnen drei Tagen nach geendigtem Standrechte an das betreffende Appellationsgericht, von diesem aber an das Justizministerium einzusenden. Zugleich hat der Kriminal-Fiskal, oder wer dessen Stelle vertreten hat, über die Verhandlung des Standrechts einen umständlichen Bericht an das betreffende Generalkommissariat zu erstatten, welchen dasselbe an das ihm vorgesetzte Ministerium einsendet.

Von der Aufhebung und Suspension des Standrechts.

Art. 456. Das Standrecht besteht solange, als nicht dasselbe durch die Behörden, von welchen es angeordnet worden (Art. 443 und 444), für aufgehoben erklärt wird.

Wenn jedoch die Hauptschuldigen ergriffen und standrechtlich gerichtet worden sind, und mit Grund zu erwarten ist, daß diese abschreckenden Beispiele ihren Zweck erreicht haben, so kann das standrechtliche Gericht einstweilen bis zu eingeholter höherer Entschließung sein Verfahren einstellen, wozu jedoch von Seite des Gerichts, nebst der Zustimmung des Kriminalfiskals, eine Mehrheit von vier Stimmen gegen Eine erforderlich ist.

Anlage IV.

Strafgesetzbuch für das Deutsche Reich.

Vom 15. Mai 1871.

§ 81. Wer außer den Fällen des § 80 es unternimmt,

1. einen Bundesfürsten zu töten, gefangen zu nehmen, in Feindes Gewalt zu liefern oder zur Regierung unfähig zu machen,
2. die Verfassung des Deutschen Reichs oder eines Bundesstaats oder die in demselben bestehende Thronfolge gewaltsam zu ändern,
3. das Bundesgebiet ganz oder teilweise einem fremden Staate gewaltsam einzuverleiben oder einen Teil desselben vom Ganzen loszureißen, oder
4. das Gebiet eines Bundesstaats ganz oder teilweise einem anderen Bundesstaate gewaltsam einzuverleiben oder einen Teil desselben vom Ganzen loszureißen,

wird wegen Hochverrats mit lebenslänglichem Zuchthaus oder lebenslänglicher Festungshaft bestraft.

Sind mildernde Umstände vorhanden, so tritt Festungshaft nicht unter fünf Jahren ein.

Neben der Festungshaft kann auf Verlust der bekleideten öffentlichen Ämter, sowie der aus öffentlichen Wahlen hervorgegangenen Rechte erkannt werden.

§ 88. Ein Deutscher, welcher während eines gegen das Deutsche Reich ausgebrochenen Krieges in der feindlichen Kriegsmacht Dienste nimmt oder die Waffen gegen das Deutsche Reich oder dessen Bundesgenossen trägt, wird wegen Landesverrat mit lebenslänglichem Zuchthaus oder lebenslänglicher Festungshaft bestraft.

Sind mildernde Umstände vorhanden, so tritt Festungshaft nicht unter fünf Jahren ein.

Ein Deutscher, welcher schon früher in fremden Kriegsdiensten stand, wird, wenn er nach Ausbruch des Krieges in der feindlichen Kriegsmacht verbleibt oder die Waffen gegen das Deutsche Reich oder dessen Bundesgenossen trägt, wegen Landesverrats mit Zuchthaus von zwei bis zu zehn Jahren oder mit Festungshaft von gleicher Dauer bestraft. Sind mildernde Umstände vorhanden, so tritt Festungshaft bis zu zehn Jahren ein.

Neben der Festungshaft kann auf Verlust der bekleideten öffentlichen Ämter, sowie der aus öffentlichen Wahlen hervorgegangenen Rechte erkannt werden.

§ 90. Lebenslängliche Zuchthausstrafe tritt im Falle des § 89 ein, wenn der Täter

1. Festungen, Pässe, besetzte Plätze oder andere Verteidigungsposten, ingleichen Teile oder Angehörige der deutschen oder einer verbündeten Kriegsmacht in feindliche Gewalt bringt;
2. Festungswerke, Schiffe oder Fahrzeuge der Kriegsmarine, öffentliche Gelder, Vorräte von Waffen, Schießbedarf oder anderen Kriegsbedürfnissen, sowie Brücken, Eisenbahnen, Telegraphen und Transportmittel in feindliche Gewalt bringt oder zum Vorteile des Feindes zerstört oder unbrauchbar macht;
3. dem Feinde Mannschaften zuführt oder Angehörige der deutschen oder einer verbündeten Kriegsmacht verleitet, zum Feinde überzugehen;
4. Operationspläne oder Pläne von Festungen oder festen Stellungen dem Feinde mitteilt;
5. dem Feinde als Spion dient oder feindliche Spione aufnimmt, verbirgt oder ihnen Beistand leistet, oder
6. einen Aufstand unter Angehörigen der deutschen oder einer verbündeten Kriegsmacht erregt.

In minder schweren Fällen kann auf Zuchthaus nicht unter zehn Jahren erkannt werden.

Sind mildernde Umstände vorhanden, so tritt Festungshaft nicht unter fünf Jahren ein.

Neben der Festungshaft kann auf Verlust der bekleideten öffentlichen Ämter, sowie der aus öffentlichen Wahlen hervorgegangenen Rechte erkannt werden.

§ 124. Wenn sich eine Menschenmenge öffentlich zusammengerottet und in der Absicht, Gewalttätigkeiten gegen Personen oder Sachen mit vereinten Kräften zu begehen, in die Wohnung, in die Geschäftsräume oder in das befriedete Besitztum eines anderen oder in abgeschlossene Räume, welche zum öffentlichen Dienste bestimmt sind, widerrechtlich eindringt, so wird jeder, welcher an diesen Handlungen teilnimmt, mit Gefängnis von einem Monat bis zu zwei Jahren bestraft.

§ 125. Wenn sich eine Menschenmenge öffentlich zusammenrottet und mit vereinten Kräften gegen Personen oder Sachen Gewalttätigkeiten begeht, so wird jeder, welcher an dieser Zusammenrottung teilnimmt, wegen Landfriedensbruches mit Gefängnis nicht unter drei Monaten bestraft.

Die Rädelsführer, sowie diejenigen, welche Gewalttätigkeiten gegen Personen begangen oder Sachen geplündert, vernichtet oder zerstört haben, werden mit Zuchthaus bis zu zehn Jahren bestraft; auch kann auf Zulässigkeit von Polizei-Aufsicht erkannt werden. Sind mildernde Umstände vorhanden, so tritt Gefängnisstrafe nicht unter sechs Monaten ein.

§ 127. Wer unbefugterweise einen bewaffneten Haufen bildet oder befehligt oder eine Mannschaft, von der er weiß, daß sie ohne gesetzliche Befugnis gesammelt ist, mit Waffen oder Kriegsbedürfnissen versieht, wird mit Gefängnis bis zu zwei Jahren bestraft.

Wer sich einem solchen bewaffneten Haufen anschließt, wird mit Gefängnis bis zu einem Jahre bestraft.

§ 130. Wer in einer den öffentlichen Frieden gefährdenden Weise verschiedene Klassen der Bevölkerung zu Gewalttätigkeiten gegeneinander öffentlich anreizt, wird mit Geldstrafe bis zu sechshundert Mark oder mit Gefängnis bis zu zwei Jahren bestraft.

§ 141. Wer einen Deutschen zum Militärdienste einer ausländischen Macht anwirbt oder den Werbern der letzteren zuführt, ingleichen wer einen deutschen Soldaten vorsätzlich zum Desertieren verleitet oder die Desertion desselben vorsätzlich befördert, wird mit Gefängnis von drei Monaten bis zu drei Jahren bestraft.

Der Versuch ist strafbar.

§ 306. Wegen Brandstiftung wird mit Zuchthaus bestraft, wer vorsätzlich in Brand setzt:

1. ein zu gottesdienstlichen Versammlungen bestimmtes Gebäude,
2. ein Gebäude, ein Schiff oder eine Hütte, welche zur Wohnung von Menschen dienen, oder
3. eine Räumlichkeit, welche zeitweise zum Aufenthalt von Menschen dient, und zwar zu einer Zeit, während welcher Menschen in derselben sich aufzuhalten pflegen.

§ 307. Die Brandstiftung (§ 306) wird mit Zuchthaus nicht unter zehn Jahren oder mit lebenslänglichem Zuchthaus bestraft, wenn

1. der Brand den Tod eines Menschen dadurch verursacht hat, daß dieser zur Zeit der Tat in einer der in Brand gesetzten Räumlichkeiten sich befand,
2. die Brandstiftung in der Absicht begangen worden ist, um unter Begünstigung derselben Mord oder Raub zu begehen oder einen Aufruhr zu erregen, oder
3. der Brandstifter, um das Löschen des Feuers zu verhindern oder zu erschweren, Löschgerätschaften entfernt oder unbrauchbar gemacht hat.

§ 308. Wegen Brandstiftung wird mit Zuchthaus bis zu zehn Jahren bestraft, wer vorsätzlich Gebäude, Schiffe, Hütten, Bergwerke, Magazine, Warenvorräte, welche auf dazu bestimmten öffentlichen Plätzen lagern, Vorräte von landwirtschaftlichen Erzeugnissen oder von Bau- oder Brennmaterialien, Früchte auf dem Felde, Waldungen oder Torfmoore in Brand setzt, wenn diese Gegenstände entweder fremdes Eigentum sind, oder zwar dem Brandstifter eigentümlich gehören, jedoch ihrer Beschaffenheit und Lage nach geeignet sind, das Feuer einer der im § 306 Nr. 1 bis 3 bezeichneten Räumlichkeiten oder einem der vorstehend bezeichneten fremden Gegenstände mitzuteilen.

Sind mildernde Umstände vorhanden, so tritt Gefängnisstrafe nicht unter sechs Monaten ein.

§ 311. Die gänzliche oder teilweise Zerstörung einer Sache durch Gebrauch von Pulver oder anderen explodierenden Stoffen ist der Inbrandsetzung der Sache gleichzuachten.

§ 312. Wer mit gemeiner Gefahr für Menschenleben vorsätzlich eine Überschwemmung herbeiführt, wird mit Zuchthaus nicht unter drei Jahren und, wenn durch die Überschwemmung der Tod eines Menschen verursacht worden ist, mit Zuchthaus nicht unter zehn Jahren oder mit lebenslänglichem Zuchthaus bestraft.

§ 313. Wer mit gemeiner Gefahr für das Eigentum vorsätzlich eine Überschwemmung herbeiführt, wird mit Zuchthaus bestraft.

Ist jedoch die Absicht des Täters nur auf Schutz seines Eigentums gerichtet gewesen, so ist auf Gefängnis nicht unter Einem Jahre zu erkennen.

§ 315. Wer vorsätzlich Eisenbahnanlagen, Beförderungsmittel oder sonstiges Zubehör derselben dergestalt beschädigt, oder auf der Fahrbahn durch falsche Zeichen oder Signale oder auf andere Weise solche Hindernisse bereitet, daß dadurch der Transport in Gefahr gesetzt wird, wird mit Zuchthaus bis zu zehn Jahren bestraft.

Ist durch die Handlung eine schwere Körperverletzung verursacht worden, so tritt Zuchthausstrafe nicht unter fünf Jahren und, wenn der Tod eines Menschen verursacht worden ist, Zuchthausstrafe nicht unter zehn Jahren oder lebenslängliche Zuchthausstrafe ein.

§ 317. Wer vorsätzlich und rechtswidrig den Betrieb einer zu öffentlichen Zwecken dienenden Telegraphenanlage dadurch verhindert oder gefährdet, daß er Teile oder Zubehörungen derselben beschädigt oder Veränderungen daran vornimmt, wird mit Gefängnis von Einem Monat bis zu drei Jahren bestraft.

§ 318 a. Die Vorschriften in den §§ 317 und 318 finden gleichmäßig Anwendung auf die Verhinderung oder

Gefährung des Betriebes der zu öffentlichen Zwecken dienenden Rohrpostanlagen.

Unter Telegraphenanlagen im Sinne der §§ 317 und 318 sind Fernsprechanlagen mitbegriffen.

§ 321. Wer vorsätzlich Wasserleitungen, Schleusen, Wehre, Deiche, Dämme oder andere Wasserbauten oder Brücken, Fähren, Wege oder Schutzwehre oder dem Bergwerksbetriebe dienende Vorrichtungen zur Wasserhaltung, zur Wetterführung oder zum Ein- und Ausfahren der Arbeiter zerstört oder beschädigt oder in schiffbaren Strömen, Flüssen oder Kanälen das Fahrwasser stört und durch eine dieser Handlungen Gefahr für das Leben oder die Gesundheit anderer herbeiführt, wird mit Gefängnis nicht unter drei Monaten bestraft.

Ist durch eine dieser Handlungen eine schwere Körperverletzung verursacht worden, so tritt Zuchthausstrafe bis zu fünf Jahren und, wenn der Tod eines Menschen verursacht worden ist, Zuchthausstrafe nicht unter fünf Jahren ein.

§ 322. Wer vorsätzlich ein zur Sicherung der Schiffahrt bestimmtes Feuerzeichen oder ein anderes zu diesem Zwecke aufgestelltes Zeichen zerstört, wegschafft oder unbrauchbar macht, oder ein solches Feuerzeichen auslöscht oder seiner Dienstpflicht zuwider nicht aufstellt, oder ein falsches Zeichen, welches geeignet ist, die Schiffahrt unsicher zu machen, aufstellt, insbesondere zur Nachtzeit auf der Strandhöhe Feuer anzündet, welches die Schiffahrt zu gefährden geeignet ist, wird mit Zuchthaus bis zu zehn Jahren bestraft.

Ist durch die Handlung die Strandung eines Schiffes verursacht worden, so tritt Zuchthausstrafe nicht unter fünf Jahren und, wenn der Tod eines Menschen verursacht worden ist, Zuchthausstrafe nicht unter zehn Jahren oder lebenslängliche Zuchthausstrafe ein.

§ 323. Wer vorsätzlich die Strandung oder das Sinken eines Schiffes bewirkt und dadurch Gefahr für das

Leben eines anderen herbeiführt, wird mit Zuchthaus nicht unter fünf Jahren und, wenn durch die Handlung der Tod eines Menschen verursacht worden ist, mit Zuchthaus nicht unter zehn Jahren oder mit lebenslänglichem Zuchthaus bestraft.

§ 324. Wer vorsätzlich Brunnen- oder Wasserbehälter, welche zum Gebrauche anderer dienen, oder Gegenstände, welche zum öffentlichen Verkaufe oder Verbrauche bestimmt sind, vergiftet oder denselben Stoffe beimischt, von denen ihm bekannt ist, daß sie die menschliche Gesundheit zu zerstören geeignet sind, ingleichen wer solche vergiftete oder mit gefährlichen Stoffen vermischte Sachen wissentlich und mit Verschweigung dieser Eigenschaft verkauft, feilhält oder sonst in Verkehr bringt, wird mit Zuchthaus bis zu zehn Jahren und, wenn durch die Handlung der Tod eines Menschen verursacht worden ist, mit Zuchthaus nicht unter zehn Jahren oder mit lebenslänglichem Zuchthaus bestraft.

§ 329. Wer die mit einer Behörde geschlossenen Lieferungsverträge über Bedürfnisse des Heeres oder der Marine zur Zeit eines Krieges, oder über Lebensmittel zur Abwendung oder Beseitigung eines Notstandes vorsätzlich entweder nicht zur bestimmten Zeit oder nicht in der vorbedungenen Weise erfüllt, wird mit Gefängnis nicht unter sechs Monaten bestraft; auch kann auf Verlust der bürgerlichen Ehrenrechte erkannt werden.

Liegt der Nichterfüllung des Vertrages Fahrlässigkeit zum Grunde, so ist, wenn durch die Handlung ein Schaden verursacht worden ist, auf Gefängnis bis zu zwei Jahren zu erkennen.

Dieselben Strafen finden auch gegen die Unterlieferanten, Vermittler und Bevollmächtigten des Lieferanten Anwendung, welche mit Kenntnis des Zweckes der Lieferung die Nichterfüllung derselben vorsätzlich oder aus Fahrlässigkeit verursachen.

Anlage V.

Gesetz gegen den Verrat militärischer Geheimnisse.

Vom 3. Juni 1914.

RGBl. 1914 Nr. 32 S. 195.

---

§ 1. Wer vorsätzlich Schriften, Zeichnungen oder andere Gegenstände, deren Geheimhaltung im Interesse der Landesverteidigung erforderlich ist, in den Besitz oder zur Kenntnis eines anderen gelangen läßt und dadurch die Sicherheit des Reichs gefährdet, wird mit Zuchthaus nicht unter zwei Jahren, bei mildernden Umständen mit Gefängnis nicht unter einem Jahre bestraft.

Ebenso wird bestraft, wer vorsätzlich Nachrichten, deren Geheimhaltung im Interesse der Landesverteidigung erforderlich ist, an eine ausländische Regierung oder an eine Person, die im Interesse einer ausländischen Regierung tätig ist, gelangen läßt und dadurch die Sicherheit des Reichs gefährdet.

Hat der Verrat einen schweren Schaden für die Sicherheit des Reichs zur Folge gehabt, so kann, wenn der Täter dies vorausgesehen und gegen Entgelt gehandelt hat, auf lebenslanges Zuchthaus erkannt werden.

§ 2. Wer ohne den Vorsatz, die Sicherheit des Reichs zu gefährden, vorsätzlich und rechtswidrig Gegenstände der im § 1 Abs. 1 bezeichneten Art in den Besitz oder zur Kenntnis eines anderen gelangen läßt, wird mit Gefängnis oder mit Festungshaft bis zu fünf Jahren bestraft.

Der Versuch ist strafbar.

§ 3. Wer sich den Besitz oder die Kenntnis von Gegenständen der im § 1 Abs. 1 bezeichneten Art in der Absicht verschafft, sie zu einer die Sicherheit des Reichs gefährdenden Mitteilung zu gebrauchen, wird mit Zuchthaus bis zu zehn Jahren, bei mildernden Umständen mit Gefängnis nicht unter sechs Monaten bestraft.

Ebenso wird bestraft, wer sich Nachrichten der im § 1 Abs. 2 bezeichneten Art in der Absicht verschafft, sie zu einer die Sicherheit des Reichs gefährdenden Mitteilung an eine ausländische Regierung oder an eine im Interesse einer ausländischen Regierung tätige Person zu gebrauchen.

Waren die Gegenstände oder Nachrichten dem Täter in seiner Eigenschaft als deutscher Beamter oder deutsche Militärperson zugänglich, so kann auf Zuchthaus bis zu fünfzehn Jahren erkannt werden.

§ 4. Wer sich vorsätzlich und rechtswidrig den Besitz oder die Kenntnis von Gegenständen der im § 1 Abs. 1 bezeichneten Art ohne die Absicht verschafft, sie zu einer die Sicherheit des Reichs gefährdenden Mitteilung zu gebrauchen, wird mit Gefängnis oder Festungshaft bis zu drei Jahren bestraft. Bei mildernden Umständen kann auf Geldstrafe bis zu fünftausend Mark erkannt werden.

Der Versuch ist strafbar.

§ 5. Wer ein Verbrechen der in den §§ 1, 3 bezeichneten Art mit einem anderen verabredet, wird, wenn es nicht zur Vollendung oder zu einem strafbaren Versuche des Verbrechens gekommen ist, mit Gefängnis nicht unter einem Jahre, bei mildernden Umständen mit Gefängnis nicht unter drei Monaten bestraft.

Der an einer Verabredung Beteiligte wird nicht bestraft, wenn er zu einer Zeit, in welcher die Verhütung des verabredeten Verbrechens noch möglich ist, freiwillig Anzeige bei der Behörde erstattet. Dies gilt nicht für den Beteiligten, der den anderen zu der Verabredung vorsätzlich bestimmt hat.

§ 6. Wer vorsätzlich mit einer Person, die im Interesse einer ausländischen Regierung tätig ist, Beziehungen anknüpft oder unterhält, welche die Mitteilung von

Gegenständen oder Nachrichten der im § 1 Abs. 1, 2 bezeichneten Art zum Gegenstande haben, wird mit Gefängnis bestraft.

Ebenso wird bestraft eine Person, die im Interesse einer ausländischen Regierung tätig ist, wenn sie vorsätzlich mit einem anderen Beziehungen anknüpft oder unterhält, welche die Mitteilung von Gegenständen oder Nachrichten der im § 1 Abs. 1, 2 bezeichneten Art zum Gegenstande haben.

§ 7. Wer vorsätzlich in einer Festung, einem Reichskriegshafen oder einer militärischen Anlage, auf einem Schiffe der Kaiserlichen Marine oder innerhalb der deutschen Hoheitsgewässer gegenüber einer Behörde, einem Beamten oder einer Militärperson über seinen Namen, seinen Stand, seinen Beruf, sein Gewerbe, seinen Wohnort oder seine Staatsangehörigkeit eine unrichtige Angabe macht oder die Angabe verweigert, wird, wenn nach den Umständen anzunehmen ist, daß der Aufenthalt an dem Orte oder die unrichtige Angabe oder die Verweigerung der Angabe mit Zwecken der in den §§ 1, 3 bezeichneten Art zusammenhängt, mit Gefängnis bis zu einem Jahre oder mit Geldstrafe bis zu eintausend Mark bestraft.

Einer Festung, einem Reichskriegshafen oder einer militärischen Anlage stehen gleich deren amtlich bekanntgemachte Sicherungsbereiche sowie gewerbliche Anlagen, in denen Gegenstände für die Bedürfnisse der inländischen Kriegsmacht hergestellt, ausgebessert oder aufbewahrt werden.

Die Tat ist nur strafbar, wenn die Behörde, der Beamte oder die Militärperson zuständig war.

§ 8. Wer fahrlässig Gegenstände der im § 1 Abs. 1 bezeichneten Art, die ihm kraft seines Amtes oder eines von amtlicher Seite erteilten Auftrags zugänglich waren, in den Besitz oder zur Kenntnis eines anderen gelangen läßt und dadurch die Sicherheit des Reichs gefährdet, wird mit Gefängnis oder Festungshaft bis zu drei Jahren oder mit Geldstrafe bis zu fünftausend Mark bestraft.

§ 9. Wer von dem Vorhaben eines der in den §§ 1, 3 bezeichneten Verbrechen zu einer Zeit, in welcher die Verhütung des Verbrechens möglich ist, glaubhafte Kenntnis erhält und es vorsätzlich unterläßt, hiervon der Behörde zur rechten Zeit Anzeige zu machen, wird, wenn das Verbrechen oder ein strafbarer Versuch desselben begangen worden ist, mit Gefängnis bestraft.

Diese Vorschrift findet keine Anwendung, wenn die Anzeige gegen einen Angehörigen oder von einem Geistlichen in Ansehung desjenigen, was ihm bei Ausübung der Seelsorge anvertraut worden ist, hätte erstattet werden müssen.

§ 10. Wer vorsätzlich während eines Krieges gegen das Reich oder bei drohendem Kriege Nachrichten über Truppen- oder Schiffsbewegungen oder über Verteidigungsmittel einem vom Reichskanzler erlassenen Verbote zuwider veröffentlicht, wird mit Gefängnis oder Festungshaft bis zu drei Jahren oder mit Geldstrafe bis zu fünftausend Mark bestraft.

§ 11. Wer vorsätzlich über schwebende amtliche Ermittelungen wegen eines Verbrechens oder Vergehens gegen dieses Gesetz ohne Erlaubnis der die Ermittelungen leitenden Behörde Mitteilungen in die Öffentlichkeit bringt, wird mit Gefängnis oder Festungshaft bis zu einem Jahre oder mit Geldstrafe bis zu eintausend Mark bestraft.

Diese Vorschrift findet auf die Veröffentlichung von Mitteilungen, die nach der Eröffnung des gerichtlichen Hauptverfahrens, im militärgerichtlichen Verfahren nach Verfügung der Anklage erfolgt, keine Anwendung.

§ 12. Mit Haft oder Geldstrafe bis zu einhundertfünfzig Mark wird bestraft,

1. wer einem an Ort und Stelle erkennbar gemachten Verbote der Militärbehörde zuwider eine militärische Anlage oder ein Schiff der Kaiserlichen Marine betritt;
2. wer in einer Festung, einem Reichskriegshafen, oder in deren amtlich bekanntgemachten Sicherungsbereichen die Vorschriften über Aufenthaltsmeldung übertritt;
3. wer von einem Festungswerk, einem Gebäude der Kaiserlichen Marine, in welchem Munition oder Minen gelagert werden, einer militärischen Luftfahrzeughalle oder einer militärischen Anlage für drahtlose Telegraphie ohne Erlaubnis der zuständigen Militärbehörde Aufnahmen macht oder veröffentlicht. Die Aufnahmen und Veröffentlichungen können eingezogen werden ohne Unterschied, ob sie dem Verurteilten gehören oder nicht.

§ 13. In den Fällen der §§ 1, 3 kann neben der Freiheitsstrafe auf Geldstrafe bis zu fünfzigtausend Mark, bei mildernden Umständen bis zu fünfundzwanzigtausend Mark erkannt werden.

In den Fällen der §§ 2, 4, 5, 6, 8 kann neben der Freiheitsstrafe auf Geldstrafe bis zu fünftausend Mark erkannt werden.

§ 14. In den Fällen der §§ 1, 3, 5, 6 kann neben Gefängnis auf Verlust der öffentlichen Ämter und der aus öffentlichen Wahlen hervorgegangenen Rechte, neben jeder Freiheitsstrafe auf Zulässigkeit von Polizeiaufsicht erkannt werden.

Ein Ausländer, der wegen eines Verbrechens oder eines vorsätzlichen Vergehens gegen dieses Gesetz zu einer Freiheitsstrafe verurteilt worden ist, kann nach Verbüßung der Strafe von der Landespolizeibehörde aus dem Reichsgebiet ausgewiesen werden.

§ 15. Hat der Täter für die Begehung eines Verbrechens oder Vergehens gegen dieses Gesetz Entgelt empfangen, so ist das Empfangene oder dessen Wert in dem Urteil für dem Staate verfallen zu erklären.

§ 16. Auf die Verbrechen und Vergehen gegen die §§ 1, 3, 5, 6, 8 findet die Vorschrift des § 4 Abs. 2 Nr. 2 des Strafgesetzbuchs Anwendung.

§ 17. Soweit in Gesetzen oder Verordnungen auf Vorschriften verwiesen ist, die durch dieses Gesetz außer Kraft gesetzt werden, treten an deren Stelle die entsprechenden Vorschriften dieses Gesetzes.

§ 18. Bei Verbrechen gegen die §§ 1, 3 ist das Reichsgericht für die Untersuchung und Entscheidung in erster und letzter Instanz ausschließlich zuständig. Die Militärgerichtsbarkeit wird hierdurch nicht berührt.

Die Geschäfte, die im § 72 Abs. 1 des Gerichtsverfassungsgesetzes der Strafkammer des Landgerichts zugewiesen sind, erledigt der erste Strafsenat des Reichsgerichts. Das Hauptverfahren findet vor dem zweiten Strafsenate statt.

§ 19. Der § 360 Nr. 1 des Strafgesetzbuchs, der § 15 des Gesetzes über die Presse vom 7. Mai 1874 (Reichs-Gesetzbl. S. 65) und das Gesetz gegen den Verrat militärischer Geheimnisse vom 3. Juli 1893 (Reichs-Gesetzbl. S. 205) mit Ausnahme des § 11 treten außer Kraft. In dem Abs. 2 des § 360 des Strafgesetzbuchs kommen die Zahl „1", und die Worte „der Risse von Festungen und Festungswerken", in der Nr. 1 des § 18 des Gesetzes über die Presse die Zahl „15", in Wegfall.

Urkundlich unter Unserer Höchsteigenhändigen Unterschrift und beigedrucktem Kaiserlichen Insiegel.

Gegeben Neues Palais, den 3. Juni 1914.

(L. S.) **Wilhelm.**

von Bethmann Hollweg.

Anlage VI.

Gesetz zur Ausführung der Strafprozeßordnung.

Vom 18. August 1879.

Art. 6. Wer den Verordnungen zuwiderhandelt, durch welche die Staatsregierung bei drohendem oder ausgebrochenem Kriege den Verkehr mit feindlichen Ländern oder feindlich besetzten Teilen des Staats- oder Reichsgebiets verboten, beschränkt oder geregelt, die Sammlung von Nachrichten, die Verbreitung oder Veröffentlichung gewisser Mitteilungen sowie die Erlassung gewisser Aufforderungen untersagt oder beschränkt oder ähnliche mit der Kriegsgefahr im Zusammenhange stehende Maßregeln angeordnet hat, soll, soferne nicht die in den §§ 15[1]) und 18[2]) des Reichsgesetzes vom 7. Mai 1874 über die Presse enthaltenen Bestimmungen in Anwendung zu kommen haben, mit Gefängnis oder Festungshaft bis zu drei Monaten oder mit Geldstrafe bis sechshundert Mark bestraft werden.

---

[1]) **§ 15.** Aufgehoben durch § 19 des Gesetzes gegen den Verrat militärischer Geheimnisse, vom 3. Juni 1914 (RGBl. 1914 S. 195).

[2]) **§ 18.** Mit Geldstrafe bis zu eintausend Mark oder mit Haft oder mit Gefängnis bis zu sechs Monaten werden bestraft:

1. Zuwiderhandlungen gegen die in den §§ 14, 16 und 17 enthaltenen Verbote;
2. Zuwiderhandlungen gegen die Bestimmungen der §§ 6, 7 und 8, welche durch falsche Angaben mit Kenntnis der Unrichtigkeit begangen werden.

Dieselbe Strafe trifft den Verleger einer periodischen Druckschrift auch dann, wenn er wissentlich geschehen läßt, daß auf derselben eine Person fälschlich als Redakteur benannt wird.

Anlage VII.

Gerichtsverfassungsgesetz.

Vom 27. Januar 1877.

§ 198. Die Entscheidungen erfolgen, soweit das Gesetz nicht ein anderes bestimmt, nach der absoluten Mehrheit der Stimmen.

Bilden sich in Beziehung auf Summen, über welche zu entscheiden ist, mehr als zwei Meinungen, deren keine die Mehrheit für sich hat, so werden die für die größte Summe abgegebenen Stimmen den für die zunächst geringere abgegebenen solange hinzugerechnet, bis sich eine Mehrheit ergibt.

Bilden sich in einer Strafsache, von der Schuldfrage abgesehen, mehr als zwei Meinungen, deren keine die Mehrheit für sich hat, so werden die dem Beschuldigten nachteiligsten Stimmen den zunächst minder nachteiligen solange hinzugerechnet, bis sich eine Mehrheit ergibt.

Anlage VIII.

Königliche Verordnung vom 31. Juli 1914, die Verhängung des Kriegszustands betreffend.

Ludwig III.

von Gottes Gnaden König von Bayern, Pfalzgraf bei Rhein, Herzog von Bayern, Franken und in Schwaben usw. usw.

Wir finden Uns bewogen auf Grund des Artikel 1 des Gesetzes über den Kriegszustand vom 5. November 1912 zu verordnen:

Über das Gesamtgebiet des Königreichs wird der Kriegszustand verhängt.

Gegeben zu München, den 31. Juli 1914.

Ludwig.

Dr. Graf v. Hertling. Dr. v. Soden-Fraunhofen. Dr. Thelemann. v. Breunig. v. Seidlein. Dr. v. Knilling. Frhr. v. Kreß.

Auf Allerhöchsten Befehl:
Der Chef der Zentralabteilung
des Kriegsministeriums:
Roeger, Oberst.

Anlage IX.

Königliche Verordnung vom 31. Juli 1914, die Anordnung des Standrechts betreffend.

Ludwig III.

von Gottes Gnaden König von Bayern, Pfalzgraf bei Rhein, Herzog von Bayern, Franken und in Schwaben usw. usw.

Wir finden Uns bewogen auf Grund des Artikel 5 des Gesetzes über den Kriegszustand vom 5. November 1912 zu verordnen:

Für die Pfalz wird das Standrecht angeordnet.

Gegeben zu München, den 31. Juli 1914.

Ludwig.

Dr. Graf v. Hertling. Dr. Frhr. v. Soden-Fraunhofen. v. Thelemann. v. Breunig. v. Seidlein. Dr. v. Knilling. Frhr. v. Kreß.

Auf Allerhöchsten Befehl:
Der Chef der Zentralabteilung
des Kriegsministeriums:
Roeger, Oberst.

Anlage X.

Königliche Verordnung vom 31. Juli 1914, den Übergang der vollziehenden Gewalt auf die Militärbehörden betreffend.

Ludwig III.

von Gottes Gnaden König von Bayern, Pfalzgraf bei Rhein, Herzog von Bayern, Franken und in Schwaben usw. usw.

Wir finden Uns bewogen zum Zwecke der Landesverteidigung zu verordnen:

In den Gebieten, über die der Kriegszustand verhängt ist, übertragen Wir für die Dauer des Kriegszustands die Ausübung der Befugnisse der den Zivilstaatsministerien untergeordneten Staatsbehörden, mit Ausnahme der richterlichen und verwaltungsrichterlichen Tätigkeit, in den Landesteilen rechts des Rheins auf die Kommandierenden Generale, in der Pfalz auf den Kommandeur der 3. Division oder den rangälteren der stellvertretenden Infanterie-Brigadekommandeure, in den Festungen und ihrem erweiterten Befehlsbereich auf die Gouverneure.

Die bezeichneten Staatsbehörden verbleiben hiebei in ihren Funktionen. Sie haben aber, ebenso wie die Gemeindebehörden, innerhalb ihres Wirkungskreises den Anordnungen und Aufträgen der militärischen Befehlshaber in gleicher Weise Folge zu leisten, wie wenn sie von den sonst zuständigen Behörden ausgegangen wären.

Die militärischen Befehlshaber sind für ihre Anordnungen und Aufträge persönlich verantwortlich.

Für die Befugnisse der militärischen Befehlshaber gegenüber den dem Staatsministerium für Verkehrsangelegenheiten untergeordneten Behörden bleiben die Bestimmungen der Militäreisenbahnordnung und der Anlage J zum Mobilmachungsplan für die bayerische Armee maßgebend.

Gegeben zu München, den 31. Juli 1914.

Ludwig.

Dr. Graf v. Hertling. Dr. Frhr. v. Soden-Fraunhofen. v. Thelemann. v. Breunig. v. Seidlein. Dr. v. Knilling. Frhr. v. Kreß.

Auf Allerhöchsten Befehl:
Der Chef der Zentralabteilung
des Kriegsministeriums:
Roeger, Oberst.

Alphabetisches Register.

Die Zahlen bedeuten die Artikel und Paragraphen, die römischen Ziffern die Anlagen.

T.

U.

W.

Z.

Kolibri 360 GmbH
Ferdinand-Jühlke-Straße 7
99095 Erfurt, Deutschland
produktsicherheit@kolibri360.de